Michael Fischer

Gemeinde-
entwicklung
konkret

Michael Fischer

Gemeinde-entwicklung konkret

Ein Arbeitsbuch

Kösel

1. Auflage 2002

Druck und Bindung: Pustet, Regensburg
Umschlaggestaltung: Kaselow Design, München
Umschlagmotiv: zefa / G. Schuster
ISBN 3-466-36585-6

Inhalt

Eröffnung

»Immer häufiger ist in Hochdorf bei Nagold der katholische Gottesdienst ausgefallen. Die Gemeinde machte aus der Not zwar keine Tugend, half sich aber selbst: Sie gehört jetzt zu den rund hundert katholischen Gemeinden, in denen man von Laien gestaltete Sonntagsgottesdienste gewohnt ist. Zwar ist vieles noch nicht eingespielt, aber man spürt, die Verantwortlichen sind überzeugt und mit Begeisterung bei der Sache: Gottesdienst muss da stattfinden, wo die Leute sind, nicht in anonymen, großen Kirchen weit weg ...«[1] – So weit ein Auszug aus einer süddeutschen Tagespresse. Solche oder ähnlich lautende Artikel finden sich neuerdings immer öfters in den Tageszeitungen. Darin spiegeln sich die Sorgen und Fragen wider, mit denen die Kirchengemeinden in jüngster Zeit konfrontiert sind. Eigentlich sind es keine neuen Fragen, sondern die aktuelle Situation, insbesondere die Bildung der Seelsorgeeinheiten, geben diesen Fragen eine aktuelle Brisanz.

Wie geht es weiter mit den Gemeinden? Betrachtet man die europäische Kirche, kann man sich des Eindrucks nicht erwehren, dass die Abbrucharbeiten am volkskirchlichen Haus in vollem Gange sind: Rückgang der Gottesdienstteilnehmer, zunehmende Kirchenaustritte, eine veränderte Beichtpraxis, überalterte Verbandsstrukturen ... Manche gehen sogar so weit, am Ende dieser Entwicklung auch das Ende der Gemeinden zu sehen.

Gleichzeitig sind neue und hoffnungsvolle Aufbrüche zu entdecken. Aufbrüche, die oft unspektakulär sind, gleichwohl aber in die Zukunft weisen: Menschen suchen nach Glauben und Heimat, nach Glaubensvertiefung und christlicher Identität. Gemeinsam beten, glauben, handeln und gemeinsam auf der Suche sein, sind Wesensaspekte einer zukunftsorientierten Spiritualität. Die neuen Aufbrüche haben etwas gemeinsam: In ihnen liegt ein starker Akzent auf dem Wort Gottes und auf der gemeinschaftlichen Dimension ihrer Spiritualität. Solche Formen wachsen inmitten traditioneller Kirchen- und Gemeindeelemente.[2]

Das Buch möchte dazu ermutigen, diese Sehnsucht ernst zu nehmen und dafür Sorge zu tragen, dass diese Hoffnungen und Wünsche gemeinschaftliche Ausdrucksformen finden können. Es möchte Gemeinden zu einer schöpferischen Entwicklung ermuntern und ihnen Anregungen geben, wie solche Entwicklungen angestoßen und begleitet werden können. Aus diesem Grunde ist es für jene geschrieben, die über solche Fragen nachdenken, die vielleicht sogar erwägen, in ihrer eigenen Gemeinde solch einen Prozess zu initiieren und dafür eine Vertiefung oder Anregung suchen. Es gliedert sich in drei Teile:

Im ersten Teil geht es um eine Standortbestimmung: In welchem Prozess des Wandels stehen die Gemeinden heute? Wie ist es dazu gekommen und worauf müssen sich Gemeinden in Zukunft einstellen?

Erst auf der Grundlage dieser Selbstbesinnung ist es sinnvoll, im zweiten Kapitel zeitgerechte Perspektiven zu entwickeln, die den Blick in die Zukunft weiten: Welche pastoralen Perspektiven können die Gemeinden in ihrer Entwicklung leiten? Was bedeuten diese Perspektiven für die haupt- und ehrenamtlichen Mitarbeiterinnen und Mitarbeiter und welche Konsequenzen ergeben sich daraus für die Gemeindestruktur?

Im dritten Teil geht es um das Handeln. Alle Konzepte und Ideen zur Gemeindeentwicklung müssen als Projekte umsetzbar sein. Ist dies nicht der Fall, können sie niemand nützen. Daher werden im letzten Teil Initiativen und Projekte vorgestellt, in denen die zuvor entwickelten Perspektiven in die Praxis umgesetzt werden.

Das Buch ist als Arbeitsbuch gedacht: Es finden sich Vorschläge für Gruppenarbeiten, um die Themen zu vertiefen; es sind Gebete und Texte eingestreut und es gibt zudem zusammenfassende Darstellungen und Schaubilder, die auf Treffen verwendet werden können.

Aus den unterschiedlichen Aufbrüchen, die es derzeit gibt, hier ein Modell ableiten zu wollen, das verbindliche Auskunft darüber gibt, wie sich Gemeinden entwickeln, wäre unsinnig. Ein solches Vorgehen würde die bunte Vielfalt der Gemeinden und die Verschiedenartigkeit der jeweiligen Situation missachten. Vielmehr kommt es darauf an, den richtigen Zeitpunkt in einer Gemeinde zu erkennen, um Entwicklungen in Gang zu setzen. Und wer Gemeinden auf ihrem Weg begleitet, wird zunächst feststellen, wie viel Gutes schon gewachsen ist. Den Schritt in die Zukunft zu wagen, ist die Herausforderung für alle Gemeinden. Welchen Weg eine Gemeinde dabei einschlägt, wird sie gemäß ihrer Situation und entsprechend ihren Möglichkeiten entscheiden. Ich wünsche allen aufbrechenden Gemeinden, dass sie ihre eigene Spur finden und mutige Schritte wagen.

Michael Fischer

Teil 1

Die Zumutungen Gottes an seine Kirche

»Und der Herr sprach zu Abraham: Ziehe hinweg aus deinem Vaterland und aus deiner Verwandtschaft und aus deines Vaters Hause in das Land, das ich dir zeigen werde; so will ich dich zu einem großen Volke machen und dich segnen und deinen Namen berühmt machen, dass er zum Segensworte wird. Segnen will ich, die dich segnen, und wer dich flucht, den will ich verfluchen; und mit deinem Namen werden sich Segen wünschen alle Geschlechter der Erde. Da zog Abraham hin, wie ihm der Herr geboten hatte; und Lot zog mit ihm. Abraham aber war fünfundsiebzig Jahre alt, als er aus Haran wegzog.« (Gen 12,1–4)

Abraham, der bereits in die Jahre gekommen ist, bricht auf. Er hat sich noch im fortgeschrittenen Alter von den Zumutungen Gottes herausfordern lassen. Abraham hatte die Kraft des Aufbruchs nur, weil er die Zukunft, die Gott ihm zudachte, angenommen hat, und weil Gott ihm den dafür nötigen Mut zugesprochen hat. Abraham hat gesehen, worauf es Gott ankommt. Er ist durch seine zukunftsoffene Haltung als einer der großen Visionäre in die biblische Geschichte eingegangen.

Könnte die Haltung Abrahams nicht auch ein Vorbild für die momentane Situation in der Kirche und in den Gemeinden sein? Fordert nicht die gegenwärtige Situation in den Gemeinden dazu heraus, angestammte Ansichten und Verhaltensweisen zu überdenken und sie dabei auf den biblischen Prüfstand zu stellen? Und geht es nicht vielen Gemeinden ebenso wie Abraham, dass sie vertrautes Land verlassen müssen, damit Neues wachsen kann?

Dass viele Gemeinden ihr traditionell angestammtes Land bereits verlassen haben, zeigt die Entwicklung der letzten Jahrzehnte. Vertraute Strukturen der Kirche und ihrer Gemeinden wandeln sich; manchmal leise, kaum wahrnehmbar. Das andere Mal ist der Wandel nicht zu übersehen und zu überhören.

Aufbrüche sind nichts Ungewöhnliches. Jedenfalls sollten Aufbrüche für die Kirche nicht ungewöhnlich sein, denn immer wieder hat Gott seine Kirche, ihre Gemeinschaften und deren Menschen mit neuen Zumutungen provoziert.

Abraham hatte sein Ziel klar vor Augen. Kann man dies auch von der gegenwärtigen Situation in den Gemeinden sagen? Wie sieht das Land aus, in das Kirche und Gemeinden sich wandeln werden? So sicher wird das wohl niemand sagen können. Ein kurzer Ausflug zu den Veränderungen der letzten Jahrzehnte vermag den Blick für das Kommende zu schärfen.

Gemeinden verändern sich

1

Die Zeit der Volkskirche geht zu Ende. Das ist ein Fazit, das man aus den Veränderungen ziehen kann, welche die Kirche in den vergangenen Jahrzehnten erlebt hat (vgl. Arbeitsblatt A1: »Kirche im Wandel«, S. 19). Zwar geschieht dies nicht zeitgleich an allen Orten, aber doch nach und nach.

Um den Weg der Veränderungen nachzuzeichnen, hilft eine Einteilung in drei Phasen: die Zeit der »Kirche für das Volk« (Volkskirche), eine Übergangszeit und die Zeit der »Kirche des Volkes«.

Kirche für das Volk (Volkskirche)

Früher bettete sich die Volkskirche auf das sichere Fundament einer christentümlich geprägten Gesellschaftsform. Das wichtigste Kennzeichen der Volkskirche war und ist bis heute, dass die Menschen in sie hineingeboren werden und in ihr von der Wiege bis zur Bahre bleiben. Dabei bestimmen die kirchlichen Bräuche und Riten den gesamten Lebensverlauf der Menschen. Wie selbstverständlich wird man in die christliche Gemeinschaft hineingetauft, nimmt an deren sonntäglichen Gottesdiensten teil und empfängt die Sakramente.

Die kirchliche, gesellschaftliche und persönliche Lebenswelt überschneiden sich weitgehend; insgesamt ist das alltägliche Leben der Menschen vom Ablauf des Kirchenjahrs geprägt. Man kann auch sagen, dass diese Art der Lebensgestaltung verkirchlicht und der Einfluss der Kirche sehr groß ist.

Das Gemeindeleben in einer volkskirchlichen Struktur gestaltet hauptsächlich der Pfarrer, denn er ist verantwortlich für die

Durchführung aller pastoralen Angelegenheiten. Die weiteren Berufungen, die in der Gemeinde schlummern, liegen brach.

Der Übergang von einer volkskirchlich geprägten Gemeinde hin zu einer Gemeinde, die sich im Verbund einer Seelsorgeeinheit befindet, gestaltet sich schwierig. Die folgende Situationsaufnahme verdeutlicht diesen Gedanken.

> Eine Gemeinde gehört zum Verbund einer Seelsorgeeinheit. Sie teilt sich mit drei weiteren Gemeinden einen Pfarrer. Die Aktivitäten der Gemeinde sind mit der Person des Pfarrers eng verbunden. So gibt es beispielsweise nur an jedem zweiten Sonntag am Ort einen Gottesdienst, weil der Pfarrer nicht in allen vier Gemeinden anwesend sein kann. An den Sonntagen, an denen der Pfarrer nicht am Ort ist, gehen die Gemeindemitglieder zum Gottesdienst in die Nachbargemeinden oder bleiben zu Hause. Es hat sich in der Gemeinde keine gottesdienstliche Kultur entwickelt, in der die Gemeindemitglieder liturgische Feiern selbst gestalten. So ist es auch mit den Bibelabenden: Sie finden nur dann statt, wenn der Pfarrer neben seinen vielen anderen Tätigkeiten die Zeit dazu findet. Überhaupt brennt das aktive Gemeindeleben auf Sparflamme, seit die Gemeinde in den Verbund einer größeren Seelsorgeeinheit eingegliedert ist. Der Grund dafür ist, so klagen viele Gemeindemitglieder, dass es eben zu wenig hauptamtliche Mitarbeiter gibt.

Zeit des Übergangs

In der Zeit des Übergangs zeigt sich, dass die Bindung an die Kirche brüchig geworden ist. Die Menschen lassen sich von der Kirche nicht mehr reglementieren. Das Vertrauen in die Institution, nicht nur in die der Kirche, ist in eine Krise geraten. Eine wichtige Ursache hierfür ist der Anspruch moderner Menschen auf Selbststeuerung. Die Menschen lehnen es ab, sich fremdbestimmte Lebensdeutungen und Lebensmuster zuweisen zu lassen. Sie gestalten ihr Leben so, wie sie es für richtig erachten. Diese neu gewonnene Freiheit kann allerdings auch belastend sein, denn die Entlastung, die die Institutionen für die eigene Lebensdeutung geliefert haben, fallen weg.

Die Gemeinden haben darauf reagiert, indem sie werbend Angebote an die Gemeindemitglieder machen. Für die unterschiedlichen Zielgruppen gibt es spezielle Angebote. Innerkirchlich hat sich auch einiges verändert. Nicht mehr allein die Priester sind die Träger der Pastoral, sondern haupt- und ehrenamtliche Laien tragen einen Teil der Verantwortung. In dieser Phase gibt es viele Anfragen an die traditionelle Gemeindeform: Sind die Gemeinden überhaupt noch wandlungsfähig? Hat eine derart verbindliche Gemeindeform, die sich auf ein festgelegtes Territorium bezieht, noch eine Überlebenschance?

Eine größere Stadtgemeinde hat nicht nur einen Pfarrer, sondern ebenso eine Pastoralreferentin und einen Gemeindereferenten. Dadurch können sich die drei Hauptamtlichen die anfallenden Arbeiten aufteilen. Wenn das Team gut funktioniert, ist das für alle eine Entlastung; kooperieren die Hauptamtlichen nicht miteinander, ist es eine Belastung. Das Gemeindeleben ist von vielen Aktivitäten und Angeboten geprägt. Ansprechende Veranstaltungen sollen das Interesse der Gemeindemitglieder wecken; für die jeweiligen Zielgruppen gibt es spezielle Angebote. Viel Kraft und Zeit wird in die traditionelle Form der Katechese gesteckt, obwohl Zweifel bestehen, ob sich diese Mühe lohnt. Das Gemeindeleben wird von den Hauptamtlichen gestaltet, die von Ehrenamtlichen unterstützt werden. Auf den ersten Blick ist es eine sehr aktive Gemeinde. Bei näherer Betrachtung stellt man allerdings fest, dass alle Aktivitäten einschlafen, sobald die Hauptamtlichen sich nicht mehr darum kümmern. Die Gemeinde hat keine Form der Selbstorganisation. Es ist eine Angebots- und Veranstaltungsgemeinde, die nur deshalb funktioniert, weil Hauptamtliche und Ehrenamtliche ständig Angebote machen.

Kirche des Volkes

Wohin sich die Gestalt der Kirche in zwanzig Jahren wandeln wird, kann ehrlicherweise niemand genau vorhersagen. Doch wenn auch noch nicht eindeutig klar ist, wie sich die Gemeinden weiterentwickeln werden, lassen sich doch einige Wegmarken erkennen:

- Was sich in der Zeit des Übergangs angedeutet hat, ist nun zur vollen Entfaltung gelangt. Da die Menschen sich nicht mehr fremdbestimmen lassen, werden sie sich nur aus freier Entscheidung einer Gemeinde anschließen oder gar nicht. Zum Christentum werden sich die Menschen aus Einsicht und freier Entscheidung bekennen, das Christentum der Zukunft wird ein Entscheidungschristentum sein.
- Die Gemeinde kann die Menschen nicht mehr verkirchlichen, sondern sie wird ihnen helfen müssen, eine gelingende Lebensgeschichte zu schreiben. In einer Zeit, in der jeder Mensch seinen eigenen Lebenssinn erfinden muss, wird sie die Menschen bei ihrer Subjektwerdung begleiten.
- Gemeindliche Vorgänge kann es nicht ohne Gemeinschaft geben. Die eigene Glaubensidentität reift in der Begegnung mit anderen. Gerade in einer Zeit, in der die Menschen ihre Glaubensidentität selbst finden müssen, werden Gruppen unersetzbar sein.
- Gemeinden und Gemeinschaften bilden sich nicht nur territorial, sondern überall dort, wo sich Menschen vernetzen: weil sie sich miteinander für eine Sache engagieren; weil sie mit anderen Menschen, die sich von ihren Lebensbezügen her kennen, Leben und Glauben teilen wollen (z. B. Familienkreise); weil sie im gleichen Dorf oder im gleichen Stadtteil wohnen.
- Die Selbstorganisation und die Eigenverantwortung in der Gestaltung des Gemeindelebens wird zunehmen.

- Bei all diesen Gemeindeformen wird es immer um die Frage der Evangelisierung gehen, um die Frage, wie das Evangelium und das Leben füreinander fruchtbar gemacht werden können.

Eine Gemeinde ist seit jüngster Zeit ebenso in einen größeren Verbund mit anderen Gemeinden zu einer so genannten Seelsorgeeinheit zusammengeschlossen worden. Diese Gemeinde hat die Bildung einer Seelsorgeeinheit zwar bedauert, aber sie konnte sich auf die neue Situation einstellen. Der Grund dafür ist, dass sie in den letzten Jahren ein Gemeindeverständnis entwickelt hat, in dem die ganze Gemeinde als Trägerin der Seelsorge verstanden wird. In dieser Gemeinde wird jeden Sonntag Gottesdienst gefeiert: Wenn der Pfarrer nicht anwesend sein kann, feiert ein Team von Wortgottesdienstleitern mit der Gemeinde eine Wortgottesfeier. Seit zwei Jahren gibt es in dieser Gemeinde so genannte Bibelgruppen in der Fastenzeit. Gemeindemitglieder treffen sich während der Fastenzeit einmal wöchentlich, um miteinander Bibeltexte zu betrachten. Einige Gruppen treffen sich in der Nachbarschaft, andere haben sich aufgrund ähnlicher Interessen gefunden. Die meisten Gruppen lesen die Bibel mit der Methode des Bibel-Teilens. Der Pfarrer unterstützt im Hintergrund diese Entwicklung, aber er möchte und kann nicht alles selbst machen.

Diese drei Situationsaufnahmen verdeutlichen eine Entwicklung, die derzeit im Gange ist. Wir befinden uns auf dem Weg von der »Kirche für das Volk« zur »Kirche des Volkes«. Karl Rahner hat den Wandel, der in der Kirche ansteht und die damit zusammenhängenden Herausforderungen weitsichtig benannt. Rahner meinte:

»Konkret und gesellschaftlich gesehen, wird die Kirche nicht mehr so wie früher einfach

- durch das Bestehen ihres Amtes,
- ihrer gesellschaftlich festen Strukturen
- und durch ein Bewusstsein ihrer Selbstverständlichkeit in der öffentlichen Meinung da sein

und auf dieser Basis neue Mitglieder für sich rekrutieren, indem

- die Kinder den Lebensstil ihrer Eltern übernehmen und fortsetzen
- und von der Kirche getauft und indoktriniert werden.

Die Kirche wird nur da sein, indem sie immer neu wird durch

- die freie Glaubensentscheidung
- und Gemeindebildung der Einzelnen
- inmitten einer eben nicht von vornherein christlich geprägten profanen Gesellschaft.«[3]

Anregung

- Als ersten Schritt können Sie mithilfe des Arbeitsblattes A1: »Kirche im Wandel« den anstehenden Strukturwandel in der Kirche erläutern.
- Versuchen Sie nun in Dreier-Gruppen Ihre Kirchengemeinde einem dieser drei Modelle zuzuordnen (Überschneidungen sind wahrscheinlich).
  Tragen Sie die Ergebnisse in der Gruppe zusammen.
- In einem vertiefenden Gespräch können Sie klären, ob Ihre Kirchengemeinde sich den kommenden Veränderungen bewusst ist und zudem bereit ist, darauf zu reagieren.

Kirche im Wandel (A1)

Kirche für das Volk *Volkskirche*	**Zeit des Übergangs** *Angebots- und Veranstaltungskirche*	**Kirche des Volkes** *Gemeinde der Gemeinschaften*
Träger der Pastoral ist der Klerus	Träger der Pastoral ist der Klerus mit haupt- und nebenamtlichen Laien	Träger der Pastoral sind die Gemeindemitglieder
Praxis: • versorgend • verkirchlichend • reglementierend	Praxis: • anbietend für Zielgruppen • veranstaltend • werbend/verkirchlichend	Praxis: • evangelisierend • gemeinschaftsbildend • subjektfördernd
Der Pfarrer trägt die gesamte Verantwortung für das Gemeindeleben. Alle Tätigkeiten hängen von ihm ab oder sind auf ihn zugeschnitten. Die vielen Begabungen, die in der Gemeinde da sind, liegen brach. Der Glaube wird in einem christentümlichen Milieu gelernt und gefeiert.	Die gesamte Tätigkeit und Verantwortung in der Gemeinde wird von den kirchlichen Mitarbeitern und Ehrenamtlichen geleistet. Sie organisieren und kümmern sich um das Gemeindeleben. Es gibt viele Angebote für unterschiedliche Zielgruppen. Sobald die Aktiven aufhören, Angebote zu machen, schläft das Gemeindeleben ein. Es gibt keine Struktur der Selbstorganisation.	Christ werden und Christ sein geschieht aus Einsicht und in freier Entscheidung. Es geht darum, die Menschen beim Schreiben ihrer Lebensgeschichte zu begleiten. Menschen treffen sich in Gruppen, denn ohne lebendige Gemeinschaft ist Kirche nicht vorstellbar. Die Gruppen verantworten sich weitgehend selbst und sind ein Teil der Gemeinde. Der Pfarrer und die Hauptamtlichen unterstützen subsidiär die Gemeinschaften.
Gemeinde als Pfarrei	Gemeinde in der Spannung zwischen Territorialgemeinde und Personalgemeinde	Gemeinde als Netzwerk

2

Zieh hinweg aus deinem Vaterland

Abraham ist der Aufforderung gefolgt, sein Vaterland zu verlassen. Wäre er in Haran geblieben, hätte die ihm zugesprochene Verheißung nicht in Erfüllung gehen können. Abraham hat sich aus der Kraft seines Glaubens auf das Neue und noch Unbekannte eingelassen.

Menschen reagieren unterschiedlich auf neue Situationen. Manche verschließen sich grundsätzlich neuen Ideen, andere nehmen leichtgläubig alles auf, was neuen Glanz verspricht; wieder andere prüfen neue Gedanken und integrieren sie in ihr bisheriges Weltbild. Trotz der unterschiedlichen Reaktionsweisen einzelner Menschen gibt es ein typisches Verhaltensmuster, das den Umgang mit Veränderungen beleuchtet.

Schaubild: Umgang mit Veränderungen

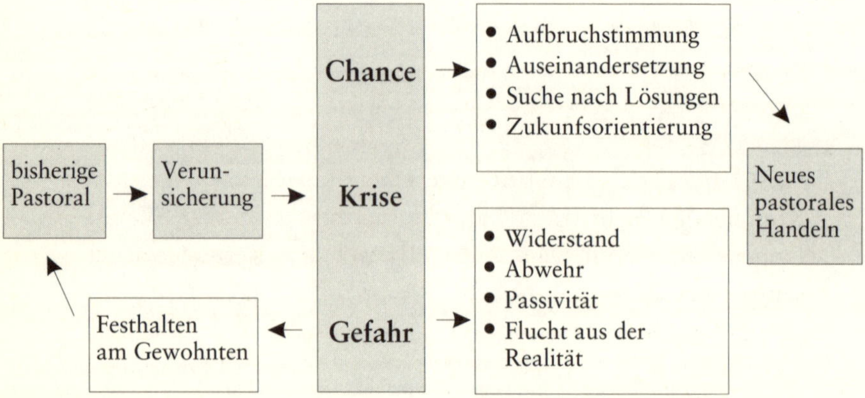

Jeder Mensch hat sich eigene Verhaltensmuster angeeignet, mit denen er seinen Alltag bewältigt. Durch eine veränderte Situation kann es sein, dass sein bisheriges Verhalten keinen Erfolg mehr hat oder er damit nicht mehr zurechtkommt. Eine Verunsicherung tritt ein. Hält die Verunsicherung an, führt dies in eine Krise. Diese Krise kann als Gefahr empfunden werden, die dazu führt, am Gewohnten festzuhalten. Die Person greift in dieser als Gefahr empfundenen Situation verständlicherweise auf alte, bewährte Verhaltensmuster zurück. Oder sie reagiert mit Widerstand, Aggression oder Passivität, was oft mit einer pessimistischen Grundhaltung verbunden ist. Dieser Umgang mit der Krise ist bewahrend, denn es zeigt sich darin eine Angst vor dem Neuen und Unbekannten.

Ein als Krise empfundenes Ereignis kann aber auch als eine Chance verstanden werden. Die Person beginnt, sich mit der veränderten Situation auseinander zu setzen und sucht neue Lösungen. Daraus können sich neue Verhaltensmuster entwickeln, mit denen sie auf die veränderte Situation reagieren kann. Dieser Umgang mit einer Krise zeigt eine Offenheit und eine Neugier für Neues. Sie traut dem Neuen und ist Ausdruck einer optimistischen Grundeinstellung.

Menschen die sich auf eine Veränderung einlassen, brauchen den mutigen Blick nach vorn. Wer es nicht schafft, gerade in einer Erneuerung den Blick auf das neu zu Gewinnende zu richten, wird sich mit Entwicklungen schwer tun. Denn wer dem Neuen nicht traut, wird das Alte bewahren, und wer nicht nach vorn blickt, sieht zur Seite oder nach hinten. Wer dem Kommenden nicht traut, kann überlebensnotwendige Wandlungen lahm legen. Menschen, die sich mit Veränderungen schwer tun, kann man fragen: Wie wird die Situation in zehn Jahren aussehen, wenn wir jetzt nichts ändern? Was wird sein, wenn wir möglicherweise die Zeichen der Zeit nicht erkennen und keine entsprechenden Maßnahmen einleiten?

In der Kirche ist der Wandel – ob wir es wollen oder nicht – voll im Gange; dabei wachsen Reformbemühungen auf allen Ebenen. Parallel dazu formieren sich im gleichen Maße jene Kräfte, die den Veränderungen eher skeptisch gegenüberstehen. In diesem spannungsreichen Zusammenspiel geschehen Veränderungen. Voraussetzung dafür ist allerdings immer, dass sich die unterschiedlichen Pole nicht gegenseitig lahm legen und beide Seiten lernbereit sind.

In dieser Situation vermischen sich bei Reformwilligen oft aufgestauter Ärger mit unbeirrbarem Vertrauen in die Reformtauglichkeit der Kirche. Nicht selten spiegelt sich der nach außen sichtbare Konflikt im Inneren der einzelnen Personen wider: Ein angeschlagenes Kirchenimage steht neben den uralten Hoffnungen, welche die Menschen mit der Kirche immer schon und heute noch verbinden.

In der heutigen pastoralen Situation sind Menschen besonders wichtig, die sich in die Pflicht des Denkens und des Handelns nehmen lassen, um die eingetretene Situation als Chance zur Entwicklung zu nutzen. Somit sind jene Frauen und Männer aus dem Kirchenvolk wichtiger denn je, die nicht nur das Alte beschwören oder dessen Zusammenbruch bejammern, sondern die mutig die Zeichen der Zeit erkennen.

Anregung

Veränderungen in Gemeinden hängen immer von der Bereitschaft einzelner Menschen ab, sich auf Neues einzulassen. Es kann daher sehr hilfreich sein, sich selbst einmal zu fragen, wie man sich zu neuen Situationen verhält.

In einer Gruppe ist folgendes Vorgehen denkbar. Anhand des Schaubildes »Umgang mit Veränderungen« (S. 20) können Sie die Verhaltensmuster bei Veränderungen darstellen. Anhand der folgenden Fragen kann sich eine Einzelbesinnung anschließen. Je nach Gruppe ist ein Austausch im Plenum oder in der Kleingruppe denkbar:

- Bin ich ein Mensch, der eher vorsichtig ist und gern am Gewohnten festhält?
- Wie reagiere ich auf neue Situationen?
- Ängstigt mich Neues oder bin ich dafür offen?
- Neige ich zur Passivität oder zur aktiven Auseinandersetzung?
- Wie gehe ich mit Krisen um?
- Bin ich eher ein optimistischer oder ein pessimistischer Mensch?
- Was sind die Konsequenzen aus meinem Verhalten?

3

Das Land, das ich euch zeigen werde

Die Gemeinden, so haben wir gesehen, stehen inmitten eines anhaltenden Veränderungsprozesses. Die Folge ist, dass viele Gemeinden ihr angestammtes Land verlassen werden. Doch wohin brechen sie auf? Wie sieht das Neuland aus, in das sie ziehen werden? Haben die Verantwortlichen in den Gemeinden eine klare Vision davon, wie die pastorale Arbeit in den nächsten Jahren aussehen soll? Vermutlich sind nicht alle in der Situation Abrahams, der zwar einen weiten Weg vor sich hatte, der aber zumindest wusste, wohin es gehen soll.

Zeitgerechte Visionen

Wer keine Vision hat, ist auch nicht motiviert, sich für etwas einzusetzen. Daher haben Visionen eine lebenserhaltende Kraft. Hoffnungsvoll können jene in die Zukunft blicken, die ein Ziel haben, für das sich der volle Einsatz lohnt.

Die Gestaltung der Zukunft ist eine der größten gegenwärtigen Herausforderungen der Gemeinden. In solchen gestaltungsnotwendigen und somit auch turbulenten Phasen sind Visionen unentbehrlich. Unentbehrlich deshalb, weil Visionen in diesen Zeiten Wegmarken sind, an denen sich alle orientieren können. Sie helfen, die Zukunft zunächst einmal geistig zu erschaffen, damit sich das alltägliche Handeln daran ausrichten kann.

Leider wird das Wort Vision heute inflationär verwendet. Viele haben es entdeckt, weil sie spüren, welche innere Kraft von ihm ausströmt. Daher lohnt es sich, der Bedeutung von Visionen für das kirchliche und pastorale Handeln nachzugehen.

»Vision« leitet sich aus dem lateinischen »videre« ab und heißt sehen. Ein künftiger Zustand wird also bereits geschaut und damit erschaffen.[4] Visionen beinhalten Ziele und Pläne, die sich Menschen geben, um die Zukunft zu gestalten. Vorausschauende Planung ist unersetzlich, weil ohne sie keine zielgerichtete Entwicklung möglich wäre. Daher setzen sich Menschen immer neu zusammen, entwerfen Pläne, formulieren Ziele, entwickeln Zukunftsszenarien, wägen mögliche Konsequenzen ab und treffen Entscheidungen. So wird die Zukunft visionär gestaltet.

Eine Vision im biblischen Sinne beinhaltet aber weitaus mehr als nur menschliches Planen, denn Visionen sind ebenso die geistig und geistlich erschaffene Zukunft. Visionen zu entwickeln bedeutet, aus der Tiefe einer geistlichen Mitte heraus die Zukunft zu erschaffen. Visionen sind immer zugleich Geschenk und Zumutung Gottes an seine Kirche. In diesen oft provozierenden Zumutungen Gottes an die Menschen wird der Traum Gottes mit und für uns Menschen durchsichtig. Fehlt diese geistliche Dimension einer Vision, beraubt man sie ihrer spirituellen Tiefe, in der sie eigentlich gründet.

So sind Visionen gleichsam das Einfallstor Gottes für uns Menschen. Und Gott hat nicht selten Menschen mit neuen Zumutungen herausgefordert. Das gilt nicht nur für einzelne Menschen, sondern ebenso für Gemeinden und Gemeinschaften. Die vielen Aufbrüche in der Kirchengeschichte können lebendig von diesen Zumutungen Gottes erzählen. Ebenso kennt die biblische Tradition viele Glaubensvorbilder, die sich den Träumen Gottes geöffnet haben. Oft waren gerade diese Menschen große Visionäre.

Visionen reifen also nicht nur, indem Menschen eigene Pläne entwickeln, sondern indem sie sich der spirituellen Tiefe von Visionen hingeben und damit immer neu das Wort Gottes in ihre eigenen Pläne, in die gegenwärtige Situation und Zeit hineinlesen. So durchkreuzen die Träume Gottes die eigenen. Im Hören auf das Wort Gottes gilt es zu fragen, ob wir als Person und als Gemeinschaft auf der Spur des Lebens sind, die Gott den Menschen zugedacht hat. Es gilt zu fragen, ob die eigenen Pläne in der biblischen Tradition verwurzelt sind oder ob vielleicht ganz anders gelagerte Interessen sich eingeschlichen haben. Wäre dies der Fall, ist es Zeit umzukehren und die Lebensschritte neu zu setzen.

Nicht nur einzelne Personen, sondern auch Organisationen als Ganze besitzen Visionen. Allerdings ist eine Vision nicht nur ein unternehmerischer Traum, der beispielsweise sagt, wir sollten in zwei Jahren Marktführer sein. Visionen sind hier der Ausdruck einer gläubigen Grundhaltung von Personen und Gemeinschaften, die das eigene Handeln und Planen immer neu auf den Prüfstand der biblischen Tradition stellen. Solche Personen und Gemeinschaften bleiben lebendig, selbst wenn sie zahlenmäßig kleiner werden.

Es ist nicht sofort zu erkennen, wenn zeitgerechte Visionen im Leben einer Gemeinschaft oder einer Organisation fehlen. Schmerzlich vermisst werden sie allerdings in Zeiten, in denen umgebaut wird, Altes abgebrochen und Neues aufgebaut werden muss. In solchen Phasen sind Visionen wie gut durchdachte Baupläne. Fehlen solche Pläne, läuft eben vieles ziellos; mit allen den damit verbundenen Nachteilen. Ein Beispiel:

Mehrere Gemeinden werden zu einem größeren Verbund, einer Seelsorgeeinheit, zusammengelegt. Diese Seelsorgeeinheit wird von einem Pfarrer, zwei Pastoralreferenten und einer Gemeindereferentin begleitet. In den einzelnen Gemeinden entsteht eine lebhafte und zuweilen sehr kontroverse Diskussion, wie das Gemeindeleben in Zukunft gestaltet werden soll. Die einen tendieren dazu, möglichst viel zu zentralisieren. Ihrer Meinung nach wäre es am besten, nur noch ein zentrales Pfarrbüro einzurichten, damit die Arbeit dort effizient erledigt werden kann. Andere würden gerne mehr in Eigenregie machen und nur die Gottesdienste zentral feiern. Eine dritte Gruppe wiederum macht sich dafür stark, alle Gemeindedienste in den jeweiligen Gemeindeorten zu belassen. Eine vierte Gruppe würde gerne die Hauptamtlichen auf die Gemeinden aufteilen. Bei den vielen Vorschlägen, die unvermittelt nebeneinander stehen, kommen die einzelnen Gemeinden nicht weiter. In dieser Phase der Diskussion stellt sich heraus, dass ohne eine Vision, ohne eine grundsätzliche Verständigung darüber, wie in Zukunft Gemeinde sein soll, der Einigungsprozess nicht voran kommt.

Um die vielen Einzelfragen in diesem Beispiel zu klären, ist es unerlässlich, dass sich die Vertreterinnen und Vertreter der einzelnen Gemeinden zunächst auf ein gemeinsames Ziel verständigen. Es sollte klar sein, welche pastoralen Perspektiven und Visionen der Gemeindearbeit zugrunde liegen.

Visionen sind keine belanglosen Träume, die über Nacht kommen und am nächsten Morgen wieder verfliegen. Nein, Visionen sind weit reichend und ziehen Konsequenzen nach sich. Visionen beinhalten zwar Vorstellungen über einen zukünftigen Zustand, aber diese gedachte Zukunft soll – zumindest teilweise – Wirklichkeit werden.

Sollen Visionen daher eine reelle Chance haben, in die Praxis umgesetzt zu werden, sollten Gemeinschaften dafür Sorge tragen, dass

1. eine Vision gemeinschaftlich entsteht, denn eine Vision kann nicht verordnet, sondern nur gemeinsam entwickelt werden;
2. die Entwicklung einer Vision immer auch ein geistlicher Vorgang ist, bei dem Gott selbst Bauherr der Kirche bleibt;
3. man sich als Gruppe den Raum und die Zeit nimmt, im Hören auf das Wort Gottes und in der Betrachtung der eigenen Realität Visionen wachsen und reifen zu lassen;

4. Visionen konkret werden, sie also in konkrete Projekte und Maßnahmen umgesetzt werden. Wer sich nur um Visionen müht, sich aber nicht darum kümmert, wie diese umgesetzt werden, schafft Enttäuschung.

Visionen sind zugleich die Frucht eigener Arbeit und ein Geschenk Gottes. Die Herausforderung für Einzelne wie für Gemeinschaften besteht darin, immer neu in einer offenen und suchenden Hingabe den Spuren des Evangeliums zu folgen. Dies ist der beste Nährboden für zeitgerechte Visionen.

Visionen

- helfen zu unterscheiden zwischen wünschenswerten und zu vermeidenden Zuständen.
- bieten einen kritischen Maßstab für die Beurteilung und Unterscheidung der Lebens- und Arbeitsverhältnisse in der Gemeinde.
- drängen nach vorne und mobilisieren brachliegende Kräfte.
- helfen, Altes loszulassen, weil erstrebenswert Neues in das Blickfeld rückt.[5]

Wie geht es weiter mit den Gemeinden?

Die Frage nach der Zukunft der Gemeinden ist nicht neu. Dennoch sind derzeit die Fragen der Gemeindeentwicklung in den meisten deutschen Diözesen besonders aktuell. Weil es zu wenig Priester und andere pastorale Mitarbeiter gibt, sollen die Gemeinden zu größeren Einheiten und Verbünden zusammengefasst werden. Dies bedeutet, dass es immer weniger Gemeinden mit einem Priester vor Ort geben wird.

Die neu zu gründenden Verbünde haben weit reichende Konsequenzen für das Leben einer Gemeinde, weil mit dieser Strukturreform das Innerste des Gemeindelebens berührt ist. In dieser Situation ist man schnell versucht, möglichst viele Tätigkeiten zu zentralisieren, um die Arbeit überhaupt noch bewältigen zu können. Aber erweist man damit den Gemeinden einen Dienst? Müsste es nicht vielmehr darum gehen, das gewachsene Leben vor Ort zu stützen? Ohne eine klare Gemeindevision gerät man in solchen Entwicklungsfragen leicht aus der Spur.

Gemeinden sind heute noch jene Orte,

- die inmitten evangeliumswidriger Umstände die Würde des Menschen in Erinnerung halten und sie dem Kreislauf der bloßen Produktion und Konsumption entziehen;
- in denen die Menschen die Tugend des Teilens üben, die als unentbehrlicher Solidaritätsvorrat immer wichtiger wird;
- in denen die Menschen zu einer gläubigen Identität reifen können, um die Entscheidung zu treffen, Jesus nachzufolgen;
- die gegen die Banalisierung des Alltags die Erinnerung an Gott wach halten werden.

Wie geht es also weiter mit den Gemeinden? Mit der Zukunft der Gemeinden hängen viele Fragen zusammen:

- Gibt es in den Gemeinden ein waches Bewusstsein für die Berufung aller?
- Leben die Gemeinden aus dem und für das Evangelium?
- Gibt es in ihnen tragfähige Beziehungen, die Leben in Gemeinschaft ermöglichen? Hat die Gemeinde eine Struktur, die solches Leben fördert?
- Ist eine Leitungskultur entwickelt, die ein kooperatives Wirken ermöglicht? Gibt es vor Ort eine Leitungsstruktur, die in hoher Eigenverantwortlichkeit das Gemeindeleben selbstständig gestaltet und dabei in einer sinnvollen Form den Pfarrer einbezieht? Wäre hier ein eigenes Leitungsteam vielleicht hilfreich?

- Sind die liturgischen Handlungen in der Gemeinde verwurzelt? Haben sich Formen der Gemeindegottesdienste entwickelt, sodass jede Gemeinde am Sonntag Gottesdienst am Ort feiern kann? Sollten sie sich vielleicht um die Ausbildung von Wortgottesdienstleitern kümmern?
- Sind die Gemeinden bereit, miteinander zu kooperieren, wenn auch noch nicht absehbar ist, wie viele Hauptamtliche zur Verfügung stehen werden?

Es gibt viele Fragen. Bevor man allerdings anfängt, ungeklärte Fragen möglichst rasch zu beantworten, ist es sinnvoll, zunächst einmal innezuhalten, um sich gründlich zu überlegen, wie eine Gemeinde in Zukunft aussehen kann.

Anregung

Acht Thesen zur Gemeindeentwicklung

Im Folgenden sind die wesentlichen Gedanken zur Gemeindeentwicklung in acht Thesen zusammengefasst. Besprechen Sie zunächst in Kleingruppen, welche drei Thesen für Ihre Gemeinde die wichtigsten sind, und versuchen sie anschließend sich in größeren Gruppen oder im Plenum darüber auszutauschen. Was könnte daraus für Ihre Gemeinde folgen?

1. Die Gemeinden sind reformbedürftig geworden. Wer diese Herausforderung nicht annimmt, betrügt die Kirche um einen wichtigen Entwicklungsschritt.

2. Alle Gemeindemitglieder haben eine unvertretbare Kirchenberufung. Vor aller Unterscheidung der Ämter sind alle gleich an Würde.

3. Die Gemeinde als Ganze ist Subjekt und Trägerin der Seelsorge.

4. Gemeinde wächst dort, wo das Leben sich abspielt: in Wohngebieten, Stadtteilen, Dörfern und Weilern. Kurz: in den Biotopen der Menschen. Kirchengemeinden bleiben daher in ihrer geschichtlich gewachsenen Selbstständigkeit erhalten.

5. Dementsprechend wird die Verantwortung dezentralisiert und die Verantwortlichen werden vernetzt.

6. Leitung ist eine Dienstfunktion an der Gemeinde. Leiten heißt, Visionen entwickeln, Begabungen entdecken und fördern, Gruppen vernetzen und inspirieren.

7. Gemeindeentwicklung glückt nur dann, wenn sich die Verantwortlichen über das Ziel der Entwicklung verständigt haben.

8. Gemeindeentwicklung ist ein zutiefst spiritueller Vorgang, in dem Gott selbst Bauherr der Gemeinde ist. Erst aus dieser in Gott verwurzelten Gemeinschaft lässt es sich wagen, strukturelle Fragen anzugehen.

LASST UNS AUFBRECHEN

Gott, sammle und stärke uns als dein Volk.

■

Rüttle uns auf, o Herr,
damit wir mutiger werden,
damit wir aufeinander zugehen,
gemeinsam den Weg in die Zukunft wagen
und so das wahre Leben finden und damit dich.

■

Lass uns aufbrechen aus unseren Alltagszwängen.
Befreie uns, o Herr,
wenn wir wegen der Fülle der Dinge,
die wir besitzen,
den Durst nach den Wassern des Lebens
verloren haben.

■

Lass uns aufbrechen zu einer Gemeinde,
in der wir miteinander teilen,
was wir haben und brauchen,
was uns freut und was uns belastet.

■

Lass uns aufbrechen zu den Menschen,
die am Rande sind.

■

Hilf uns, eine Gemeinde zu werden,
in der Jesu Geist lebendig ist
und zum Leben befreit.

■

Du bist mit uns auf dem Weg
jetzt und an jedem Tag.

Gebet aus einer basisgemeindlichen Versammlung in Lateinamerika

Teil 2

Perspektiven für die Gemeindepastoral

Visionen, so haben wir gesehen, eröffnen Perspektiven. Wer eine Entwicklung in den Gemeinden voranbringen möchte, braucht solche Entwicklungsperspektiven. Er braucht sie nicht nur für sich selbst, sondern sie sind für alle Beteiligten notwendig, denn sie sind der Motor für Entwicklungen.

In diesem Kapitel werden pastorale Perspektiven beschrieben, die eine zeitgemäße Gemeindearbeit ermöglichen.[6] Solche Perspektiven können nicht unbesehen übernommen werden, man muss sich mit ihnen beschäftigen. Dabei verändern sich möglicherweise die Perspektiven und wandeln sich zu eigenen Vorstellungen. Daher möchte dieses Kapitel die Leserinnen und Leser ermutigen, sich mit den aufgeführten pastoralen Perspektiven auseinander zu setzen.

Die übergreifende Vision, welche die Perspektiven umfasst, lautet: Die Gemeinde als Ganze ist Trägerin der Seelsorge. Aus dieser Gemeindevision ergeben sich vier pastorale Perspektiven:

- Aus und mit dem Evangelium leben
- Das ganze Volk Gottes ist zur Mitarbeit berufen
- Der Aufbau der Gemeinde zu einem lebendigen Organismus
- Die Entwicklung einer partnerschaftlichen Leitungskultur

Diese vier Grundlinien können in zwei Bereiche unterteilt werden, in den Bereich der Personen und in den der Strukturen.

Beide Bereiche sind ineinander verwoben und für die Entwicklung einer Gemeinde von Bedeutung. In einem Schaubild dargestellt, wird der Zusammenhang der vier Perspektiven deutlich:

Gemeinde als Trägerin der Seelsorge

Personen	Strukturen
• Aus und mit dem Evangelium leben	• Gemeinde als lebendig geordneter Organismus
• Das ganze Volk Gottes ist zur Mitarbeit berufen	• Partnerschaftliche Leitungskultur

Die ersten beiden Leitlinien können in der Sprache der Organisationsentwicklung dem Bereich der Personalentwicklung zugeordnet werden. Hier geht es darum, wie das Verhalten der Gemeindemitglieder das Leben der Gemeinde beeinflusst. Beispielsweise wird in dem Maße, wie sich Menschen ihrer Berufung bewusst sind und sich immer neu in die lebendige Beziehung zu Gott hineingeben, diese den Geist und die Kultur der Gemeinde als Lebenshaltung prägen.

So grundlegend persönliches Verhalten das Leben einer Gemeinde bestimmt, so grundlegend unterstützen oder verhindern bestimmte Gemeindestrukturen das Verhalten der Gemeindemitglieder. Der Geist kann sich nur dort entfalten, wo ihm die Struktur den nötigen Raum lässt. Erst das Ineinander von Personen und Strukturen geben einer Gemeinde ihre Gestalt. Stimmt in einer Gemeinde das Verhalten mit den vorhandenen Strukturen nicht überein, läuft die Gemeinde Gefahr, sich selbst zu widerlegen. Personal- und Strukturentwicklung sind also nicht zu trennen.

Die vier pastoralen Perspektiven, die sich gegenseitig beeinflussen, werden im Folgenden vertieft.

1

Aus und mit dem Evangelium leben

»Und er (Gott) ist tief in unserer Seele. Dort wo die Träume wohnen, im Dunkel unseres Unterbewusstseins, in den Tiefen der Persönlichkeit, in diesem intimsten Bereich, der sich keinem mitteilt. An den Quellen der Träume, der Mythen und der Liebe: Dort ist der Raum, in dem Gott Wohnung nehmen möchte. Wenn dieser Raum leer steht, dann ist der Mensch von Unruhe, Angst und Überdruss bewohnt. Dann helfen weder Geld, noch Besitz noch alle Schätze der Erde, aus seinem leeren Herzen weht der eisige Wind der Einsamkeit.« (E. Cardenal)

Ernesto Cardenal beschreibt, was es für den einzelnen Menschen heißt, sich vorbehaltlos auf Gott einzulassen. Gott wohnt in den Tiefen der Persönlichkeit. Er ist nicht etwas, das man sich anlesen könnte und über das man anschließend klug zu reden vermag in der Annahme, man hätte damit die Wirklichkeit Gottes eingefangen. Gott möchte Wohnung nehmen in dem Wesen einer Person, sie durchdringen bis in die Tiefen ihrer Träume. Denn erst wenn der Mensch durchdrungen ist von der Anwesenheit Gottes, verlieren andere Dinge ihre Bedeutung: Geld, Besitz, Ansehen, Macht. Nur einen leeren Menschen können diese Reichtümer sättigen.

Solche Gedanken kommen leicht in den Verdacht einer vergeistigten Frömmigkeit, die zeitlos in anderen Sphären schwebt. Handelt es sich hier um eine Gottesfürchtigkeit, die vor der Welt – so wie sie nun einmal ist – davonläuft? Nein, hier geht es nicht um eine kraftlose Spiritualität. Gerade Ernesto Cardenal ist ein glaubhafter Zeuge dafür, dass jene Menschen, die sich in besonderer Weise für andere einsetzen, aus einer innigen Beziehung zu Gott leben. Viele Befreiungstheologen sind glaubwürdige Vorbilder solch einer Haltung, in der Gottesliebe und Menschenliebe sich decken. Paul Zulehner hat diesen Zusammenhang auf die griffige Formel gebracht: »Je mystischer die Kirche ist, umso politischer ist sie. Und eine Kirche, die notorisch ungeschwisterlich ist, gerät in den Verdacht, gottlos, atheistisch zu sein.«

Wer Gott liebt, erkennt die Menschen, und wer die Menschen liebt, erkennt Gott. Aus dieser gegenseitigen Durchdringung zu leben, bedeutet Evangelisierung. Eine evangelisierende Kirche sucht die Nähe zu Gott und zu den Menschen. Dies ist der eigentliche Auftrag der Kirche. In einem der schönsten Texte zur Evangelisierung, Evangelii nuntiandi, heißt es: »Evangelisierung besagt für die Kirche, die Frohbotschaft in alle Bereiche der Menschheit zu tragen und sie durch deren Einfluss von innen her umzuwandeln und die Menschheit selbst zu erneuern.« – Wer als Gemeinde diesem Anspruch zu folgen versucht, das Evangelium zu leben und es so in die Welt zu tragen, der wird in besonderer Weise die Nähe zu den Mitmenschen und zu Gott suchen.

Gott nah sein

Gott bleibt im Letzten unerkannt, und doch offenbart er sich je neu in den Bereichen des alltäglichen Lebens. Eine Form, sich in eine lebendige Beziehung mit Gott hineinzubegeben, ist in der biblischen Tradition die Liebe aus dem Hören. Sie ist ein Wesenskern der Nachfolge. Eine Methode der Bibellektüre, die sich hörend auf das Wort Gottes einlässt, ist das Bibel-Teilen. Inzwischen sind mit dieser Methode im Zusammenhang mit der Gemeindeentwicklung viele gute Erfahrungen gesammelt worden. Es lohnt daher, sich etwas eingehender mit dem Bibel-Teilen zu beschäftigen.

Im Xhosaland, an der Südspitze Afrikas, entstand die Methode des Bibel-Teilens in sieben Schritten (vgl. Arbeitsblatt A2, S. 47). Im Jahr 1977 wurde das Pastoralinstitut der Bischofskonferenz für das südliche Afrika (Lumko-Institut) beauftragt, das Bibelapostolat im südlichen Afrika zu übernehmen, um den Menschen einen Zugang zur Bibel zu erleichtern, wie es die Konzilsväter des Zweiten Vaticanums gefordert hatten: »Der Zugang zur Heiligen Schrift muss für die an Christus Glaubenden weit offen stehen« (Dei verbum 22). Nach einer längeren Erprobungsphase ist die Methode des Bibel-Teilens in sieben Schritten entstanden.

Das Bibel-Teilen ermöglicht einen meditativen, existenziellen Zugang zu den biblischen Texten. In einer hörenden, dem Wort Gottes sich öffnenden Grundhaltung, möchte das Bibel-Teilen die Gegenwart des auferstandenen Herrn erfahrbar machen. Es ermuntert die Teilnehmer, ihren Glauben zu vertiefen und fördert die freundschaftlichen Bindungen in der Gruppe.

Mit dem Bibel-Teilen konnten zwischenzeitlich umfangreiche Erfahrungen gesammelt werden, die sowohl die Stärken dieser Methode verdeutlichen wie auch auf deren Schwächen hinweisen. Eine Untersuchung hat umfangreiche Ergebnisse darüber geliefert, wie Gruppen und Einzelne das Bibel-Teilen erfahren haben und es einschätzen[7]:

Erfahrungen mit Bibel-Teilen

67 %	Durch Bibel-Teilen hat die Hl. Schrift mehr Bezug zu meinem Leben bekommen.
59 %	Das Bibel-Teilen ist für mich eine Lebensbereicherung.
43 %	Bibel-Teilen praktiziere ich heute noch regelmäßig.
38 %	Durch Bibel-Teilen ist meine Beziehung zu Gott tiefer geworden.
11 %	Das Bibel-Teilen war für mich nicht geeignet.

Die Mehrzahl der Teilnehmer dieser Untersuchung konnte mithilfe des Bibel-Teilens das Evangelium in das eigene Leben hineinlesen, und sie haben dies als lebensbereichernd empfunden. Knapp die Hälfte jener, die diese Methode kennen gelernt haben, praktizieren sie heute noch. Dagegen konnten sich elf Prozent mit der Methode des Bibel-Teilens nicht anfreunden. Das Bibel-Teilen schafft in vielen Gruppen eine Atmosphäre, die eine Begegnung in ungewohnter Tiefe ermöglicht. Natürlich hat das Bibel-Teilen auch seine Grenzen. Oft wird von Gruppen bemängelt, die über einen längeren Zeitraum hinweg miteinander die Bibel teilen, dass sie sich mehr exegetische und geschichtliche Impulse wünschen, um den Text in seinem historischen Kontext besser zu verstehen.

Im Rahmen der Gemeindeentwicklung ist das Bibel-Teilen nicht nur eine Methode, um sich mit der Bibel zu befassen, sondern diese Methode hat zugleich eine gemeindebildende Funktion: In den Bibel-Teilen-Gruppen bringen sich Gemeindemitglieder in die Gemeinde ein. In den Gruppen wachsen Beziehungen, die als ein erster und zugleich bedeutender Schritt auf dem Weg zu einer Gemeindebildung zu verstehen sind.

Viele Gruppen in den Gemeinden leiden daran, dass sie rein funktional sind. Die Gruppenmitglieder sprechen über alles, nur nicht über ihren Glauben. Die Themen der Tagesordnung stehen im Vordergrund. Dies ist ein besonderes Problem von Dienst- und Funktionsgruppen. Aber auch für diese Gruppen gilt: Sie können mehr menschliche Tiefe gewinnen, wenn sie ihr Tun im Spiegel des Evangeliums deuten.

Abschließend soll noch eine Tagebuchnotiz von Fridolin Stier auf die lauernde Gefahr hinweisen, das Wort Gottes ausschließlich wie eine objektivierbare Wissenschaft zu behandeln, ohne den existenziellen Bezug zum eigenen Leben zu suchen. Fridolin Stier erzählt dazu eine Geschichte, in der das Wort Gottes zu einem namhaften Bibelgelehrten kommt, dessen Buch vom Wesen und Wirken des Wortes Gottes demnächst erscheinen soll:

Sie kommen mir höchst gelegen«, sagte der Professor, »von meinem Buch haben Sie wohl schon gehört? Ich läse Ihnen gerne einiges vor.« Das Wort Gottes nickte: »Lesen Sie, Herr Professor, ich bin ganz Ohr.« Er las, es schwieg. Als er zu Ende gelesen, das Manuskript weggelegt hatte, sah er auf, und da sah er den Blick ... Er wagte nicht zu fragen. Endlich sprach das Wort Gottes: »Meisterhaft, Herr Professor, mein Kompliment! Aber – ob Sie es wohl verstehen? Wissen Sie, als Objekt betrachtet, beschrieben, wird mir seltsam zumute, grad, als ob ich meine eigne Leiche sähe ... Einmal schreiben Sie, und das finde ich sehr treffend, ich wolle primär nicht Wahrheiten offenbaren (für wahr zu haltende Wahrheiten, sagten Sie), ich wolle vielmehr den Menschen selbst. Das wär's Herr Professor, das!« Und da war wieder der Blick. Das Wort Gottes erhob sich und schritt zur Tür. »Was wollen Sie von mir?«, schrie der Professor ihm nach. »Sie will ich«, sagte das Wort Gottes, »Sie!« Die Tür schloss sich leise.[8]

Anregung

Diese Übung möchte anregen, dem Wirken Gottes im eigenen Leben nachzugehen. Die Teilnehmer lesen den Evangeliumstext (Mk 4,26–29) und beschäftigen sich mit den Impulsfragen. Ein hinführendes Gebet eröffnet die Einzelarbeit, und mit einem Dankgebet kann diese Besinnung abgeschlossen werden. Nach der Einzelarbeit können sich Zweier- oder Dreiergruppen bilden, um sich auszutauschen. Eine ruhige Atmosphäre ist eine wichtige Voraussetzung für diese Übung.

»Er sagte: Mit dem Reich Gottes ist es so, wie wenn ein Mann Samen auf seinen Acker sät; dann schläft er und steht wieder auf, es wird Nacht und wird Tag, der Samen keimt

und wächst, und der Mann weiß nicht wie. Die Erde bringt von selbst ihre Frucht, zuerst den Halm, dann die Ähre, dann das volle Korn in der Ähre. Sobald aber die Frucht reif ist, legt er die Sichel an; denn die Zeit der Ernte ist da.« (Mk 4,26–29)

Gott wirkt in den Rhythmen des Lebens: säen – aufkeimen – wachsen – blühen – Früchte tragen – ernten – sich verbrauchen lassen. Gott wirkt in den Kräften der Schöpfung, um die Welt zur Vollendung zu führen.

Es ist gut, vor dir, Gott meines Lebens, da sein zu dürfen.

Du bist Ursprung, tragender Grund und Ziel aller Wirklichkeit.

In dir leben wir, bewegen wir uns und sind wir.

Impulsfragen:

- Wie wirkt das Gleichnis vom Wachsen der Saat auf mich?
- Wo finde ich mich darin mit meinem Leben, mit meinem Glauben, meiner Hoffnung und meinen Ängsten?
- Was bedeutet für mich Reich Gottes? Wonach sehne ich mich?
- Wo nehme ich Spuren des Reiches Gottes in meiner Lebensgeschichte, in der Gemeinschaft, in meiner Gemeinde wahr?

Herr, ich möchte dir danken für deine Gegenwart und für dein Wirken in meinem Leben.

Den Menschen nah sein

> *Er wird Recht verschaffen den Gebeugten im Volk,*
> *Hilfe bringen den Kindern der Armen,*
> *er wird die Unterdrücker zermalmen ...*
> *Denn er rettet den Gebeugten, der um Hilfe schreit,*
> *den Armen und den, der keinen Helfer hat.*
> *Er erbarmt sich des Gebeugten und Schwachen,*
> *er rettet das Leben der Armen. (Psalm 72)*

Die wichtige Frage, wie Gott sich finden lässt und wie er erkannt wird, führt mitten in das Herz des Evangeliums: Gott und den Nächsten lieben. Jeder, der liebt, stammt von Gott und erkennt Gott. Wer nicht liebt, hat Gott nicht erkannt; denn Gott ist die Liebe (Joh 4,7f.). Das Liebesgebot nimmt eine radikale Wirklichkeit an, wenn es von den Armen und Benachteiligten aus betrachtet wird. Wer mit dem Rücken zu den Armen und Benachteiligten lebt, kann sie nicht lieben. Erst wenn Augen und Herz für diese Menschen aufgehen, kann ihre Situation wahrgenommen werden. Wer von seinem Weg nicht abweicht und nie den Weg der Notleidenden betritt, erkennt Gott nicht. Denn der Nächste ist nicht nur jener, der mir auf meinem Weg begegnet, sondern jener, auf dessen Weg ich mich mache: Jener, dem ich mich nähere und den ich tätig suche.

Dass die Menschen sich nicht nur als Brüder und Schwestern wissen, sondern zu Brüdern und Schwestern werden, hat die Befreiungstheologie prophetisch ins Gedächtnis gerufen. Mit sicherem Gespür für die Stimme des Geistes, die aus den Armen aufschreit, heißt es in der Regionalsynode von Puebla (327): »Die Liebe Gottes, die uns von Grund auf würdig macht, wird notwendigerweise zur Gemeinschaft der Liebe mit unseren Mitmenschen und zur brüderlichen Mitbeteiligung; für uns Menschen von heute muss sie in erster Linie zu einem Werk der Gerechtigkeit für die Unterdrückten (vgl. Lk 4,18) und zu einem Bemühen um die Befreiung jener werden, die ihrer am meisten bedürfen. In der Tat ›kann niemand Gott lieben, den er nicht sieht, wenn er nicht den Bruder liebt, den er sieht‹ (1 Joh 4,20).«

> Evangelisierung ist zunächst etwas ganz und gar Einfaches, das sich auf tausend Wegen vollziehen muss: Sehen und hören auf die ganze Wirklichkeit des Lebens, der Menschen, der Welt; nichts verdrängen, sich durch nichts kopfscheu machen lassen, der Wirklichkeit standhalten, die Wirklichkeit der Menschen gelten lassen – und sehen und hören auf das Evangelium vom Reiche Gottes und beides zusammenbringen. Vom einen zum andern und vom andern zum einen denken. Immer wieder unermüdlich. Um so das Schisma zwischen Leben und Evangelium und am Ende auch das Schisma zwischen der Kirche und vielen Menschen zu überwinden ... Evangelisierung aber heißt, das alles nicht nur für sich zu tun, das heißt auch teilnehmen und teilgeben am Leben und Glauben der Menschen, der Mitchristen; das heißt Glaubensgespräch, heißt miteinander das Leben entdecken und Reich Gottes entdecken, miteinander Gott lobpreisen, miteinander die Nöte der Menschen entdecken und ihnen begegnen.[9]

Die Grundvollzüge kirchlichen Handelns, die Liturgie, die Diakonie, die Martyria und die Koinonia, sind bei den Gläubigen unterschiedlich stark ausgeprägt und miteinander vermischt. Sie stehen in einem Akt lebenslanger Balance. Die Gläubigen leben in den verschiedenen Phasen ihres Lebens einmal mehr aus dem einen und dann wieder mehr für den anderen Akzent. In und aus dieser Spannung lebt der Glauben. Es wäre eine folgenreiche Verarmung, wollte man den Zusammenhang zwischen allen vier Dimensionen nicht sehen oder gar in einer ideologischen Eindimensionalität nur einen Aspekt als den zentralen begreifen. Die Kunst besteht vielmehr darin, eins vom anderen durchdrungen sein zu lassen.[10]

In den letzten Jahren ist der Verdacht laut geworden, dass die diakonale Dimension des Glaubens bei den Gläubigen zu kurz kommt. Diese Frage ist sicherlich schwer zu beantworten, denn in den Gemeinden geschieht viel Unauffälliges wie selbstverständlich, und mitmenschliches Handeln wird nicht immer unter dem Begriff der Diakonie in der Öffentlichkeit präsentiert. Wie steht es also um die Diakoniefähigkeit der Gemeinden? Die Frage, was einem Christen auf gar keinen Fall fehlen darf, kann erhellen, wie sehr die diakonale Dimension in den Gemeinden ausgeprägt ist. Diese folgende Frage beantworteten Mitglieder aus mehreren Gemeinden so:

Was darf einem Christen auf gar keinen Fall fehlen?

61 %	aktive Nächstenliebe
59 %	Gebet
56 %	persönliche Gottesbeziehung
56 %	Gottesdienst, Sakramente
39 %	Lebensfreude
38 %	Interesse an Mitmenschen
34 %	fester Glaube
16 %	Gemeinschaftsfeiern
16 %	Mut, Courage
13 %	Einsatz für Benachteiligte
9 %	Solidarität
8 %	moralisches Leben

Die aktive Nächstenliebe ist den Befragten am wichtigsten. Auffallend ist, dass sich trotz der hohen Bedeutung der Nächstenliebe die Solidarität und der Einsatz für Benachteiligte auf den letzten Rangplätzen finden. Vielleicht haben die Begriffe

Solidarität und der Einsatz für Benachteiligte eine politische Reichweite, während die Nächstenliebe sich eher auf einen engeren Kreis von Freunden, Nachbarn und Bekannten bezieht? Vielleicht tun sich Gemeinden mit einer politisch verstandenen Nächstenliebe schwer? »Seht doch auf eure Berufung, Brüder und Schwestern! Da sind nicht viele Weise im irdischen Sinn, nicht viele Mächtige, nicht viele Vornehme, sondern das Törichte in der Welt hat Gott erwählt, um die Weisen zuschanden zu machen, und das Schwache in der Welt hat Gott erwählt, um das Starke zuschanden zu machen. Und das Niedrige in der Welt und das Verachtete hat Gott erwählt: das, was nichts ist, um das, was etwas ist, zu vernichten, damit kein Mensch sich rühmen kann vor Gott.« (1 Kor 1,26–29) Die reichen und bedeutenden Korinther brauchen sich, so Paulus, nur im Kreise ihrer christlichen Gemeinde umzuschauen. Paulus hat hier mit Klarheit an die Perspektive der Kirche erinnert, eine Kirche der Bedürftigen zu sein.

Wie wir gesehen haben, lautet die erste Leitlinie der Vision: eine evangelisierende Gemeindepraxis. Die Herausforderung für jeden Einzelnen und die gesamte Gemeinde heißt: Unsere gesamte Existenz soll evangelisierend wirken. Unsere Art und Weise, Gemeinde zu sein, unser eigener Lebensstil, unser Verhalten gegenüber der Realität – dies alles soll wie in den Zeiten Jesu für die Menschen zur guten Nachricht werden. Zuerst haben wir uns selbst evangelisieren zu lassen, die gute Nachricht in uns selbst aufzunehmen und uns von ihr so formen zu lassen, dass unser eigenes Herz sich als barmherzig zu erkennen gibt und Barmherzigkeit bewirkt.

Anregung

Dieser Impuls möchte anregen, sich dem Thema Evangelisierung biblisch zu nähern. Einer der meistgelesenen Texte in der heutigen Weltkirche ist Lk 4,16–20. Teilen Sie mit dieser Schriftstelle miteinander die Bibel (siehe Arbeitsblatt A2, S. 47). Den sechsten Schritt beim Bibel-Teilen können Sie durch folgende Fragen konkretisieren:

- Wo sind wir als Gemeinde gesandt, den Armen die gute Nachricht zu bringen?
- Wer sind die Gefangenen und die Blinden?
- Setzen wir als Gemeinde Zerschlagene in Freiheit?

»So kam Jesus nach Nazaret, wo er aufgewachsen war, und ging, wie gewohnt, am Sabbat in die Synagoge. Als er aufstand, um aus der Schrift vorzulesen, reichte man ihm das Buch des Propheten Jesaja. Er schlug das Buch auf und fand die Stelle, wo es heißt:

›Der Geist des Herrn ruht auf mir, denn er hat mich gesalbt.
Er hat mich gesandt, damit ich den Armen eine gute Nachricht bringe;
damit ich den Gefangenen die Entlassung verkünde und den Blinden das Augenlicht;
damit ich die Zerschlagenen in Freiheit setze und ein Gnadenjahr des Herrn ausrufe.‹

Dann schloss er das Buch, gab es dem Synagogenvorsteher und setzte sich. Die Augen aller in der Synagoge waren auf ihn gerichtet.«(Lk 4,16–20)

In uns selbst
strömen die Quellen des Heiles und der Heilung.
Gott ist als ein Brunnen in uns,
zu dem wir zu Gast und Einkehr geladen sind.
Diese inneren Quellen müssen wir finden
und immer wieder strömen lassen
in das Land unseres Lebens.
Dann sind wir keine Wüste.
Ich will euch erquicken: Das alte Herrenwort
wird vom strömenden Geist Gottes eingelöst.
Von innen her wird uns die Kraft
und die geistige Sicherheit und Überlegenheit kommen.

■

Wie oft habe ich dies erfahren
in der Hetze und Gejagtheit dieser Monate,
unter der Last und Übermacht:
dass auf einmal die Frische und Kraft
von innen her aufgehen als morgendliche Sonne.
Wenn wir die inneren Quellen nicht finden,
helfen uns keine Anpassung und keine äußere Ruhe.
Wo aber der Geist Gottes den Menschen anrührt,
da gerät er über seine Maße hinaus,
und es ist immer etwas von der heiligen Stille
und der erholsamen Ruhe der Gottesnähe.

Alfred Delp

ARBEITSBLATT A2

Bibel-Teilen in sieben Schritten

Um miteinander die Bibel zu teilen, brauchen Sie einen ruhigen Ort. Schön ist es, wenn eine Bibel und eine brennende Kerze die Mitte der Gruppe bildet.

1. Einladen

Wir werden uns bewusst, dass der Herr in unserer Mitte ist.
Wer möchte dies in einem Gebet zum Ausdruck bringen?

2. Lesen

Wir schlagen in der Heiligen Schrift das Buch/das Evangelium/den Brief ..., Kapitel ... auf.
(Wenn alle aufgeschlagen haben:) Wer möchte die Verse ... bis ... vorlesen?

3. Verweilen

Wir suchen nun Worte oder kurze Sätze aus dem Text heraus und sprechen sie mehrmals laut und betrachtend aus. Dazwischen legen wir kurze Besinnungspausen ein.
Wer möchte den Text noch einmal im Zusammenhang vorlesen?

4. Schweigen

Nun werden wir für ... Minuten ganz still und lassen in der Stille Gott zu uns sprechen.

5. Austauschen

Wir tauschen uns darüber aus, was uns im Herzen berührt hat.
Welches Wort hat uns persönlich angesprochen? (Danach gegebenenfalls:) Ist uns in diesem Text ein Wort begegnet, das uns in den kommenden Wochen als Wort des Lebens begleiten könnte?

6. Handeln

Wir sprechen jetzt über eine Aufgabe, die sich unsere Gruppe als Nächstes stellt.
Welche Aufgabe stellt sich uns? Wer soll was wann tun?

7. Beten

Das ganze Volk Gottes ist zur Mitarbeit berufen

2

In dieser ersten pastoralen Perspektive ging es um die Überlegung, wie einzelne Menschen und die gesamte Gemeinde von der Frage wach gehalten werden, wie sie in den Spuren des Leben schenkenden Gottes ihre Wege gehen und als Konsequenz sich den bedürftigen Menschen zuwenden können. Die zweite pastorale Perspektive ist die Berufung des ganzen Gottesvolkes zur Mitarbeit. In der aktuellen kirchengeschichtlichen Situation kommt dieser Leitlinie eine besondere Bedeutung zu.

Mehr oder neue Berufungen?

Seit den 60er-Jahren sind in den meisten europäischen Ländern die Berufungen zum Priesteramt gesunken. Das bedeutet, dass sich das zahlenmäßige Verhältnis von Katholiken und Priestern weiterhin verschlechtert. Trotz dieser Entwicklung stellt Europa immer noch die Hälfte aller Priester und Ordensmitglieder weltweit. In Lateinamerika beispielsweise beträgt das Verhältnis etwa 7.000 Katholiken pro Priester, in Afrika 4.000 zu 1 und in Europa 1.000 zu 1. Bei diesen Vergleichszahlen muss allerdings bedacht werden, dass die Alterspyramide in den meisten europäischen Ländern auf dem Kopf steht.[11]

Die Folgen sind bekannt. Jahr für Jahr werden mehr Gemeinden keinen eigenen Priester haben. Um diese Situation abzumildern, gibt es verschiedene Vorschläge. Diese können etwas vereinfacht in zwei Varianten unterschieden werden:

- Die einen erhoffen sich wieder mehr Berufungen und sehen darin die Lösung. In dieser Variante wird darauf vertraut, dass sich irgendwann – hoffentlich in naher Zukunft – wieder mehr Männer für den Beruf des Priesters entscheiden. Damit würde sich das Problem früher oder später von selbst lösen.
- Die anderen plädieren dafür, neue Berufungen anzuerkennen. Die Vertreter dieser Lösung meinen, dass es nicht nur darum gehen kann, mehr Berufungen derselben Art zu fördern, sondern dass es ebenso wichtig ist, über die Frage nachzudenken, ob es nicht auch neue Berufungen geben könne. In der weitestgehenden Spielart dieser Variante werden die Zulassungsbedingungen hinterfragt: Lebensform, Ausbildung und Geschlecht. In einer moderateren Form werden ehren- und hauptamtliche Laien am geistlichen Leitungsamt beteiligt, wie es in vielen Gemeinden schon lange Alltag ist. Der Beruf des Pastoral- und des Gemeindereferenten beispielsweise ist ein »hauptamtliches Kind« dieser Entwicklung.

Um dem Problem des Priestermangels etwas entgegenzusetzen, werden in den meisten deutschen Diözesen die Gemeinden zu größeren Verbünden, meist Seelsorgeeinheiten genannt, zusammengefasst. Die Größe der Seelsorgeeinheiten richtet sich nach der Anzahl der vorhandenen Priester: Je weniger Priester zur Verfügung stehen, umso größer werden die Verbünde. Dieser Lösungsansatz ist eine Mischung aus den beiden oben genannten Varianten: das traditionelle Amtsverständnis wird aufrechterhalten und gleichzeitig nehmen immer mehr ehren- und hauptamtliche Mitarbeiterinnen und Mitarbeiter traditionelle Aufgaben von Priestern wahr. Zwischenzeitlich könnten viele Gemeinden ihren Auftrag gar nicht mehr erfüllen, hätten sie nicht solche Zwischenformen entwickelt.

Unbestritten ist, dass es auch zukünftig in den Gemeinden ein amtliches Handeln geben muss. Dabei kommt es vor allen

Dingen darauf an, wie sich das Zusammenspiel von Priestern und engagierten Gemeindemitgliedern gestalten wird. Gerade die neu gegründeten Seelsorgeeinheiten verweisen drängend auf solche Fragen:

- Wie wird der Priester, der die Seelsorgeeinheit leitet und moderiert, die Begabungen der Gemeindemitglieder ins Spiel bringen?
- Wie kommen die Begabungen jener Gemeindemitglieder zum Tragen, die sich aus Liebe zum Evangelium engagieren möchten?
- Sind sich die hauptamtlichen Laien bewusst, dass sie eine Dienstfunktion im Leben der Gemeinde haben und nicht selbstredend die aufgetretene Lücke im Priesteramt ersetzen sollen?
- Wie verstehen die Hauptamtlichen ihre eigene Berufsrolle?
- Wie schließlich steht es um die pastoralen Aufgaben, die traditionellerweise der Priester wahrgenommen hat?

Wenn es um die Frage der Berufung geht, dachte man in der Kirche bis vor nicht allzu langer Zeit nur an Priester und Ordensberufe. Inzwischen haben wir uns wieder daran erinnert, dass alle zur heiligen Priesterschaft gehören. Alle meint das ganze Gottesvolk. Dies ist wichtig zu betonen, weil heute die Tendenz besteht, Berufungen im Zusammenhang mit Hauptamtlichen zu verstehen. Aber es geht nicht darum, eine neue Spielart von Pastoralexperten in Form hauptamtlicher Laien zu schaffen, sondern es geht um die gemeindliche Berufung jedes Einzelnen.

»Um dem apostolischen Wirken des Gottesvolkes mehr Gewicht zu verleihen, wendet sich die Heilige Synode nunmehr eindringlich an die Laienchristen, von deren spezifischem und in jeder Hinsicht notwendigem Anteil an der Sendung der Kirche sie schon andererorts gesprochen hat. Denn das Apostolat der Laien, das in deren christlicher Berufung selbst seinen Ursprung hat, kann in der Kirche niemals fehlen. Wie spontan und fruchtbar dieses Wirken in der Frühzeit der Kirche war, zeigt klar die Heilige Schrift selbst (vgl. Apg 11,19–21; 18,26; Röm 16,1–16; Phil 4,3)«, sagt das Zweite Vatikanische Konzil im Dekret über das Apostolat der Laien (Apostolicam actuositatem 1).

Nehmen wir diese Gedanken ernst, haben sie praktische Konsequenzen – und zwar für alle. Auf der einen Seite sind es die Hauptberuflichen, egal ob Laien oder Kleriker, die aufgefordert sind, Aufgaben und Verantwortung weiterzugeben. Es ist nicht ihr Dienst, sich weitgehend für alle pastoralen Bereiche allein zuständig zu fühlen, denn diese Haltung verspielt viele Begabungen, die es in jeder Gemeinde gibt. Der Dienst der Hauptamtlichen ist vielmehr subsidiär: Sie haben eine Dienstfunktion innerhalb der Gemeinde. Sie sorgen sich um die Begabungen der Einzelnen, sprechen den Menschen zu und fördern und begleiten sie. Auf der anderen Seite gibt es die Ehrenamtlichen, von denen keiner seine Berufung und seine Verantwortung an ein Amt oder an einen Kirchengemeinderat delegieren kann.

Was für Priester gilt, trifft ebenso auf haupt- und ehrenamtliche Laien zu. Auch hier besteht die Gefahr, sich als Pastoralexperte über die anderen zu setzen. Dies kann sich wie folgt zeigen:

- Die Tendenz schleicht sich ein, Laien zu verklerikalisieren oder die kirchliche Mitarbeit nur auf solche Laien zu beschränken, die ein Amt bekleiden. Dabei wird der grundsätzliche Missionsauftrag der Laien vernachlässigt, denn der bedeutet ja nichts anderes, als sich selbst mit Verantwortung in die augenblickliche Wirklichkeit einzubringen.
- Da lauert die Gefahr, die ganze Verantwortung und Autorität in einer Person zu zentralisieren. Dadurch identifiziert sich das Erscheinungsbild der Gemeinschaft mit dem Image dieser koordinierenden Person.

- Ebenso kann die Ausübung besonderer Aufgaben durch Laien das Mitwirken anderer Laien verringern.
- Die Gefahr einer Entfremdung wächst auch, wenn besondere Aufgaben nur noch als individuelle Aktivitäten einzelner außerhalb des Aufgabenverständnisses der Gemeinde gefördert und unterstützt werden. Dann besteht die Gefahr, dass solche Diener vereinsamen.
- Ein Dienst in der Gemeinde soll keinen Ehrentitel oder soziale Verbesserungen mit sich bringen, vielmehr – wie der Name es ausdrückt – ist es ein Dienst an der Gemeinde im Bereich des seelsorgerlichen Lebens.[12]

Was können die Ehrenamtlichen noch tun?

Es ist absehbar, dass Ehrenamtliche in Zukunft mehr Aufgaben in den Gemeinden übernehmen werden. Schon jetzt fragen viele besorgt, welche Aufgaben noch auf Gemeindemitglieder zukommen werden. Es ist schwierig, darauf eine allgemein gültige Antwort zu geben. Manche Ehrenamtliche sind bis an ihre persönliche Belastungsgrenze mit vielen Aufgaben betraut. Anderen ist ihre Lust unter der zu tragenden Last entschwunden. Sie investieren mehr, als aus ihrem Engagement zurückfließt, und strahlen dadurch eine lustlose Opferhaltung aus. Wieder andere haben diese Spannung bestens ausbalanciert; sie geben und nehmen in einem ausgewogenen Verhältnis. Neben den vielen, die gern mitarbeiten, liegen vermutlich noch viele unbeachtete Begabungen in den Gemeinden brach. Allerdings liegt zwischen der alltäglichen Realität einer versorgten Gemeinde und der Wunschvorstellung von einer Gemeinde, die für sich selber sorgt, eine Kluft. Sie findet sich auch im Empfinden der Gemeindemitglieder wieder. 99 % der Gemeindemitglieder – so das Ergebnis der bereits genannten Studie – halten es für wichtig, dass für das Leben in der Kirchengemeinde alle Christen verantwortlich sind; 98 % sind sogar der Meinung, dass Gemeindemitglieder auch im pastoralen Bereich Aufgaben übernehmen können. Dagegen sagen nur 53 %, dass sie eine Berufung haben, die sie in die Gemeinde einbringen möchten.

Aus diesen deutlichen Zahlen geht hervor, dass sich die Gemeindemitglieder ein möglichst von allen getragenes Gemeindeleben wünschen, sogar im pastoralen Bereich, dass aber nur die Hälfte von sich selbst annimmt, sie hätten eine Kirchenberufung. Der Wunsch und die Realität sind hier nicht deckungsgleich.

Alle sind Mitarbeiter Gottes, alle haben Erkenntnis Jesu Christi – wie auch immer – geschenkt bekommen, alle sind Geistträger, alle sind eine heilige Priesterschaft. Alle sind einander ebenbürtig vor aller Unterscheidung in Dienste und Ämter. Und alle Berufungen, Charismen und Dienste sind gemeindepflichtig und weltpflichtig. Und auf dieser Basis könnte auch eine Vermittlung geschehen zwischen der Suche nach Subjektwerdung, nach Individualität und Solidarität ...
Das hat Konsequenzen, dass alle Mitarbeiter Gottes sind. Wir müssen uns alle verwandeln lassen in unserer Rolle. Alle, gar alle. Es gibt kein altes und kein neues Amt in der Kirche, das sich nicht verwandeln lassen muss ... Keiner kann seine Berufung und Verantwortung delegieren, auf keinen Dienst, auf kein Amt, auf keinen Kirchengemeinderat, auf keine Organisation ...
Wir können dankbar werden für so viele Gesichter und Berufungen, wir können einander gelten lassen und anerkennen, einander herausfordern, einander einladen und wir dürfen untereinander schwach sein und brauchen auch die Hindernisse nicht zu verbergen.[13]

Menschen für eine Mitarbeit zu gewinnen, geht nicht über moralische Appelle. Die Freude und das Interesse an einer Arbeit ist die beste Motivation. Dort, wo Menschen sinnvolle Erfahrungen gemacht haben, sind sie auch bereit, sich zu engagieren.

Erfahrungen bestärken diese Annahme. In jenen Bereichen einer Gemeinde, in denen Gemeindemitglieder mitgearbeitet haben, schätzen sie sich begabter und befähigter ein. Wo also Menschen im eigenen Erleben Erfahrungen sammeln, erwachsen Begabungen – und nicht dort, wo nur darüber geredet wird, wie wichtig Begabungen für das Gemeindeleben sind. Diese Erkenntnis ist für die Entwicklung von Gemeinden fundamental: Fähigkeiten wachsen nicht in einem Bildungsvorgang, sondern gedeihen in einem ganzheitlichen Erfahrungslernen. Es genügt nicht, das Gemeindeverständnis des Zweiten Vatikanischen Konzils zu vermitteln – wenngleich dies notwendig ist –, sondern die Gemeindemitglieder müssen die Chance haben, an stimmigen Erfahrungen zu reifen.

Anregung

Die folgende Bibelstelle kann unter dem Blickwinkel gelesen werden, welchen Stellenwert die Berufung aller Gemeindemitglieder hat und welche Konsequenzen sich daraus für eine Gemeinde ergeben können. Mithilfe des Bibel-Teilens (vgl. zur Methode S. 47) kann der Text in einer Gruppe bearbeitet werden. Für den sechsten Schritt sind folgende Fragen hilfreich:

- Welche Gedanken in diesem Text sind Ihnen wichtig?
- Wer ist bei Ihnen für das Leben in der Gemeinde verantwortlich?
- Wie sind die Arbeiten zwischen den Hauptberuflichen und den Ehrenamtlichen verteilt?
- Haben Sie offene Augen für die Begabungen in Ihrer Gemeinde?
- Was bedeuten diese Überlegungen für Ihre Gemeinde?

Erste Brotvermehrung

Die Apostel versammelten sich wieder bei Jesus und berichteten ihm alles, was sie getan und gelehrt hatten. Da sagte er zu ihnen: Kommt mit an einen einsamen Ort, wo wir allein sind, und ruht ein wenig aus. Denn sie fanden nicht einmal Zeit zum Essen, so zahlreich waren die Leute, die kamen und gingen. Sie fuhren also mit dem Boot in eine einsame Gegend, um allein zu sein. Aber man sah sie abfahren, und viele erfuhren davon; sie liefen zu Fuß aus allen Städten dorthin und kamen noch vor ihnen an. Als er ausstieg und die vielen Menschen sah, hatte er Mitleid mit ihnen; denn sie waren wie Schafe, die keinen Hirten haben. Und er lehrte sie lange.

Gegen Abend kamen seine Jünger zu ihm und sagten: Der Ort ist abgelegen, und es ist schon spät. Schick sie weg, damit sie in die umliegenden Gehöfte und Dörfer gehen und sich etwas zu essen kaufen können. Er erwiderte: Gebt ihr ihnen zu essen! Sie sagten zu ihm: Sollen wir weggehen, für zweihundert Denare Brot kaufen und es ihnen geben, damit sie zu essen haben? Er sagte zu ihnen: Wie viele Brote habt ihr? Geht und seht nach! Sie sahen nach und berichteten: Fünf Brote, und außerdem zwei Fische. Dann befahl er ihnen, den Leuten zu sagen, sie sollten sich in Gruppen ins grüne Gras setzen. Und sie setzen sich in Gruppen zu hundert und zu fünfzig. Darauf nahm er die fünf Brote und die zwei Fische, blickte zum Himmel auf, sprach den Lobpreis, brach die Brote und gab sie den Jüngern, damit sie sie an die Leute austeilten. Auch die zwei Fische ließ er unter allen verteilen. Und alle aßen und wurden satt. Als die Jünger die Reste der Brote und auch der Fische einsammelten, wurden zwölf Körbe voll. Es waren fünftausend Männer, die von den Broten gegessen hatten. (Mk 6,30–44)

3

Aufbau der Gemeinde zu einem lebendigen Organismus

Die ersten beiden pastoralen Perspektiven lauten »Aus und für das Evangelium leben« und »Die Berufung des ganzen Gottesvolkes zur Mitarbeit«. Die dritte pastorale Perspektive, der Aufbau einer Gemeinde zu einem lebendigen Organismus, nimmt die Struktur einer Gemeinde genauer in den Blick. Der folgende Erfahrungsbericht zeigt eindrücklich den Weg zu einer lebendigen Organisation:

»Das II. Vatikanische Konzil, das ich als junger Priester bewusst miterlebte, betonte die Kirche als Volk Gottes und die Berufung und Mitverantwortung der ›Laien‹ in der Kirche (d.h. alle, die zum Volk Gottes, griechisch ›Laos‹, gehören). Das war für mich als Pfarrer ein beglückender Impuls, die Gemeindemitglieder, wo immer möglich, in vielfältigen Formen am Gemeindeleben zu beteiligen. Durch die Entfaltung des Gemeindelebens mit zahlreichen Gruppen und verantwortlichen Gremien wuchsen aber auch die Anforderungen an mich. Als Lösung versuchte ich, zusätzliche hauptamtliche Mitarbeiterinnen und Mitarbeiter zu gewinnen. Unter anderem entstand dadurch damals durch meine Initiative der Beruf der Pastoralreferenten. Zu gleicher Zeit setzte ein Rückgang der Priesterberufe ein. Die Gemeinden wurden immer größer oder einem Pfarrer wurden immer mehr Gemeinden zugeordnet. Ich sagte mir: Wenn die Rolle des Pfarrers dieselbe blieb, musste sehr schnell eine Überforderung eintreten mit allen negativen Folgen.

So suchte ich zusammen mit den hauptberuflichen und nebenamtlichen Mitarbeiterinnen und Mitarbeitern nach 1980 nach einem neuen Weg. Wir sahen, dass innerhalb unserer damaligen großen Stadtgemeinde Gruppierungen entstanden waren, die mehr oder weniger ausgeprägt alle Eigenschaften einer christlichen Gemeinde in sich trugen. Sie hatten für sich auch entsprechende Leitungsformen entwickelt. Es war also nur notwendig, diese Gruppen zu sehen, sie auf ihrem Weg zu bestärken und sie innerhalb der Kirchengemeinde zu verknüpfen. So entstand unsere Gemeindekonzeption ›Gemeinde in Gemeinden und Gemeinden in Gemeinde‹.

Als ich 1991 Pfarrer in zwei kleineren Pfarreien mit mehreren, sehr unterschiedlich geprägten Dörfern wurde, entdeckte ich sehr bald, dass auch dort eine ähnliche Entwicklung möglich war. Die Katholiken in den einzelnen Dörfern identifizierten sich mit ihren Dörfern und zeigten kein Interesse an einer großen Einheitsgemeinde, auch wenn sie sich den Pfarrer teilen mussten. Ich bestärkte sie in ihrer Eigenständigkeit und gewann die beiden Kirchengemeinderäte für folgenden Weg:

Jedes Dorf soll seine eigene Gestalt von christlicher Gemeinde und die ihm gemäße Form der Leitung finden. Nach und nach lernten die so anerkannten Gemeinden ihre Aufgaben selbst zu verantworten und die dafür nötigen Strukturen zu schaffen. So entstanden unsere Dorfräte. Sie setzen sich aus Gemeindemitgliedern zusammen, die Verantwortung in der Gemeinde übernehmen wollen. Sie tun und dürfen alles tun, was sie übernehmen können und wollen. So sorgen sie für diakonische Anliegen, für die Gestaltung der Eucharistiefeiern, die Familiengottesdienste, die Leitung und Gestaltung von Wort-Gottes-Feiern und die Sakramentenvorbereitung und suchen ständig nach neuen Mitarbeitern. Die Kirchengemeinderäte bestätigten ihre Zusammensetzungen, übertrugen ihnen die notwendigen Kompetenzen, interessierten sich für ihre Entwicklung und schufen die entsprechenden Rahmenbedingungen. Ein dringendes Bedürfnis für alle Dörfer waren z.B. eigene Gemeinderäume. Sie wurden inzwischen situationsgemäß geschaffen. Die Kirchengemeinderäte unterstützten diese Bemühungen und stellten die notwendigen Mittel bereit.

Weil die einzelnen Gemeinden allein nicht alle Aufgaben durchtragen können, entwickelten wir gemeinsam Kooperationsformen. Die Verantwortlichen, angefangen von den beiden Kirchengemeinderäten bis zu projektbezogenen Gruppen helfen sich gegenseitig, ihre Aufgaben zu erfüllen und bilden die dafür notwendigen Strukturen.« (Walter Stöffelmaier)

Dezentralisierte Gemeindestrukturen

Gemeinde ereignet sich dort, wo das Leben sich abspielt. Nicht in den anonymen Großstrukturen einer Pfarrei, sondern in überschaubaren Lebenseinheiten. Dezentralisierte Gemeinden bringen die Begabungen der Einzelnen ins Spiel und sind näher am Leben der Menschen. Dezentralisierung heißt: Gruppen gründen und fördern, die Grunddienste der Gemeinde eigenverantwortlich auf kleinere Einheiten übertragen und sich um eine kollegiale Leitung bemühen. Dies unterstützt die Eigenverantwortung und die Fähigkeit zur Selbstorganisation in der Gemeinde.

Während eine kleine Ortsgemeinde sich noch als Ganze wahrnehmen kann, zerfällt bei größeren Pfarreien die Gemeinde – im Bewusstsein ihrer Mitglieder – in Einzelteile. Der Gottesdienst, eine Vortragsreihe oder eine Veranstaltung sind hier die Kontaktpunkte. Beendet jemand diesen Kontakt zur Gemeinde, so endet damit auch die Beziehung zu ihr.

Untergliedert sich dagegen eine Gemeinde in kleinere Einheiten, kommt eine andere Dynamik in Gang. In jeder Gemeinde gibt es erkennbare Mikrostrukturen, die eine am Leben orientierte Einteilung nahe legen: Außenorte, Stadtviertel, Wohnviertel. Ein erster Schritt ist, die lokal gewachsenen

Strukturen aufzuspüren, um einer spirituellen und menschlichen Verarmung der Gemeinde lebendige Strukturen entgegenzusetzen. Das Leben in kleineren Einheiten sollte dabei gar nicht an hoch gesteckten Zielen gemessen werden, sondern an solchen Dingen, die selbstverständlich zu sein scheinen: ein Gespräch mit einem anderen über den Glauben, ein zugesprochenes Wort oder ein freiwilliger Dienst am Mitmenschen.

Natürlich hat eine Zentralisierung unter bestimmten Umständen auch ihre Vorteile. Kleinere Gemeinden, besonders solche in der Diaspora, denen aufgrund der begrenzten Mittel viele Dinge nicht möglich sind, können für bestimmte Anlässe und Vorhaben andere Gemeinden als Kooperationspartner suchen und damit von zentralen Strukturen profitieren. Dennoch bleibt dabei der Grundsatz erhalten, dass sich Gemeinde in möglichst überschaubaren Räumen ereignet.

Die Bildung von Seelsorgeeinheiten ist zunächst eine Zentralisierung des Gemeindelebens. Und dennoch – so paradox dies zunächst klingen mag – kommt es gerade in dieser Situation darauf an, dezentrale Gemeindestrukturen zu fördern. Eine Gemeinde, die sich in weiten Teilen selbst organisiert, kann den Zusammenschluss zu einer größeren Einheit wesentlich leichter verkraften als eine Gemeinde, deren Gemeindeleben zu sehr auf das Wirken von Hauptamtlichen zugeschnitten ist.

Zwei mittelgroße Stadtgemeinden werden zu einer Seelsorgeeinheit zusammengefasst. Beide Gemeinden waren skeptisch und hatten Vorbehalte. Sie entschlossen sich dennoch für diesen Schritt – auch weil sie nicht wussten, wie man das Problem anders hätte lösen können. Nach zwei Jahren zeigt sich nun, dass eine der Gemeinden mit der Umstrukturierung wesentlich besser zurecht kommt als die andere. In einer gemeinsamen Klausur versuchen Vertreter beider Gemeinden die Ursachen hierfür zu ergründen.

Sie haben herausgefunden, dass die Gemeinde, die den Wandel gut verkraftet hat, zuvor schon eine Gemeindestruktur hatte, die sich nun positiv auswirkt. Folgende Elemente beinhaltete die Gemeindestruktur:

- Die Gemeindemitglieder feierten in den einzelnen Stadtteilen bei besonderen Anlässen schon Wortgottesdienste und konnten nun an diese Erfahrung anknüpfen.
- Die Organisation des Besuchsdienstes für Neuzugezogene war seit geraumer Zeit selbstständig in den jeweiligen Stadtvierteln organisiert.
- Schon seit mehreren Jahren trafen sich in unregelmäßigen Abständen alle Leiter von Gruppen mit dem Pfarrer, um gemeinsam den Blick auf die Situation in der Gemeinde zu schärfen. Der Kirchengemeinderat ging einmal im Jahr in Klausur, um über die weitere Arbeit nachzudenken.
- Vertreter einzelner Gruppen in der Gemeinde gestalteten regelmäßig die Sonntagsgottesdienste mit.
- Seit mehreren Jahren gab es in der Gemeinde regelmäßige Treffen der Bibel-Teilen-Gruppen.

Gemeinde vor Ort

Menschen finden aus unterschiedlichen Gründen den Zugang zu einer Gemeinde. Sie wohnen im gleichen Ort oder im gleichen Wohngebiet und suchen Schwestern und Brüder im Glauben. Menschen, die selbst von existenziellen Nöten betroffen sind oder die sich von den Nöten anderer betreffen lassen, tun sich zusammen, um eine Antwort auf viele Fragen ihres Lebens aus dem Glauben heraus zu finden. Oder Menschen möchten sich für die gleiche Sache engagieren, sie suchen Verbündete für Initiativen im Einsatz für den Frieden, für die Versöhnung und die Gerechtigkeit.

Bislang waren die Territorialgemeinden die übliche Form, in der sich Menschen zu einer Gemeinde zusammenschlossen. Die Ausschließlichkeit dieser Form von Gemeindebildung ist längst aufgeweicht. Daher müssen die Territorialgemeinden sich öffnen und durchlässig sein für neue Formen der Gemeindebildung, in denen Beziehungen wachsen können. Die Kirche der Zukunft wird durch eine große Variabilität der Gemeindestrukturen und der Gemeinschaftsformen gekennzeichnet sein. Es wird neue geistliche Bewegungen, Verbände und andere überregional oder regional sich treffende Gruppen geben. Das ist gut so. Die Eindimensionalität der Gemeindeformen wäre eine Verarmung.

Dennoch kommt der Gemeinde vor Ort eine besondere Bedeutung zu, weil sich hier, heute und auch morgen noch, viele alltägliche Lebensvollzüge bündeln. Ohne Zweifel haben sich viele dieser Lebensvollzüge in größere Daseinsräume verlagert. Aber der Ort als Lebensraum erweist sich stabiler als vermutet. Die dauerhafte Bedeutung des Wohnortes kristallisiert sich trotz hoher Mobilität erkennbar heraus. Die Menschen sind nicht nur an die Zeit, sondern auch an den Raum gebunden. Für die elementaren Lebensvollzüge behält der Wohnort nach wie vor seine bleibende Bedeutung: Kinder werden am Wohnort erzogen, sie gehen dort in den Kindergarten und in die Schule. Die vielen Alltäglichkeiten werden am Wohnort erledigt.

Zudem kommen nicht alle in den Vorzug moderner Gesellschaften, mobil zu sein. Dieser hängt wesentlich vom Lebensalter und von den finanziellen Möglichkeiten ab. Es gibt nicht nur die geradezu klassischen, jungen Hochmobilen, sondern ebenso auch Kinder, alte und kranke Menschen; sie sind besonders auf den Kontakt vor Ort angewiesen. Gerade die Achtsamkeit gegenüber den weniger Mobilen ist eine wesentliche diakonische Aufgabe der christlichen Gemeinde. So sollte eine Gemeinde von sich und ihren Gemeindemitgliedern sagen können: Ich kenne ihr Leid (Ex 3,7).

Beziehung stiften

In Zukunft wird es nicht die Zahl der Angebote sein, die eine Gemeinde am Leben erhält, sondern ihre Fähigkeit, die Beziehungen der Menschen in der Gemeinde zu fördern. Die folgende Tabelle zeigt, welch hohen Stellenwert Gemeindemitglieder der Gemeinschaftserfahrung in einer Gruppe beimessen.[14] Die Aussagen beziehen sich auf Gruppen, die miteinander die Bibel geteilt haben.

97 %	Durch die Gruppenerfahrung habe ich andere Menschen näher kennen gelernt.
97 %	Das offene Gespräch über den Glauben war mir wichtig.
94 %	In der Gruppe fühlte ich mich angenommen.
92 %	Die Erfahrung in der Gruppe war für mich wichtig.
92 %	Das Gemeinschaftsgefühl war mir wichtig.
84 %	Durch die Gruppenarbeit musste ich mich mit meinem eigenen Glauben auseinander setzen.
84 %	In der Gruppe haben wir uns gegenseitig Mut zugesprochen.
81 %	Die Erfahrung in der Gruppe hat meinen Glauben bestärkt.

Anregung

Der folgende Text eignet sich als Anregung, die Gedanken der dritten pastoralen Perspektive in einer Gruppe zu vertiefen. Nach der Lektüre des Textes können folgende Fragen das Gespräch leiten:

- Wie sieht die Struktur unserer Gemeinde aus: Gibt es eher kleine, sich selbst organisierende Einheiten oder sind die Strukturen zentral ausgelegt?

- Gibt es in unserer Gemeinde kleinere Einheiten, die aufgrund der gewachsenen Strukturen nahe liegen?
- Ist die Verantwortung auf genügend Schultern verteilt?

»Zum biblischen Bild der Kirche als Leib Christi gehört, dass eine Gemeinde nicht nur ein geistlicher, sondern auch ein sozialer Organismus ist. Wie jeder soziale Organismus braucht die Gemeinde daher Strukturen, durch die sie gleichsam geerdet und geordnet wird. Solche Strukturen sind nicht um ihrer selbst willen wichtig; sie sollen vielmehr der Lebendigkeit des Organismus Gemeinde dienen, indem sie Reibungs- und Konfliktpotenziale verringern und somit Kräfte freisetzen für die vielfältigen Dienste der Gemeinde, für Beziehung und Begegnung, für Communio – für all das, was zum Aufbau der Gemeinde beiträgt. Funktionierende Strukturen können helfen, Zuständigkeiten und Kompetenzen klar zu definieren und dadurch eine fruchtbare Zusammenarbeit innerhalb der verschiedenen pastoralen Felder und zwischen diesen fördern.

Wichtige Grundvollzüge einer Gemeinde sollten in jedem Fall strukturell so abgesichert sein, dass sie nicht von wenigen Einzelpersonen oder gar ausschließlich von den hauptberuflich tätigen Mitarbeitern abhängig sind und verkümmern oder ganz untergehen, wenn diese ausfallen. Zu diesen Grundvollzügen gehören insbesondere Gottesdienste, diakonische Dienste und Sakramentenkatechese. Dasselbe gilt für die strukturelle Ordnung wichtiger Seelsorgebereiche, etwa der Jugend-, Familien- und Altenpastoral, oder im Blick auf andere Zielgruppen. Dabei dürfen einzelne Mitglieder der Gemeinde nicht überfordert werden; vielmehr sollen sich, wo immer möglich, Dienstgruppen für bestimmte Bereiche bzw. Aktivitäten bilden. Die hauptberuflich in der Gemein-

de Tätigen, vor allem der Pfarrer und hauptberufliche Mitarbeiter/-innen sind in einer ›gemeindlichen Berufungspraxis‹ behilflich, dass die einzelnen Gemeindemitglieder ihren Dienst bzw. Ort in der Gemeinde finden.

Für den Aufbau einer Gemeinde ist es wichtig, Mitverantwortliche zu gewinnen, die bestimmte Gemeinschaften oder Bereiche der Seelsorge bzw. der Verwaltung oder territoriale Einheiten (zum Beispiel Teilgemeinden, Stadtteile) mit der Gesamtgemeinde vernetzen. Solche Dienste werden, so weit dies möglich ist, ehrenamtlich und in kleinen Gemeinschaften wahrgenommen.

Nicht zuletzt gehört zur Infrastruktur einer Gemeinde eine ausreichende räumliche und finanzielle Ausstattung, damit wichtige Aufgaben wahrgenommen werden können. Hier werden längst nicht immer ideale Möglichkeiten gegeben sein; oft wird es umso mehr darum gehen, das, was eben zur Verfügung steht, möglichst sinnvoll zu verteilen und einzusetzen.

Aufbau und Entwicklung von Gemeinde sollen unter anderem dazu führen, dass unter den Gemeindemitgliedern tragfähige Beziehungen entstehen. Dazu jedoch braucht das oft große und unüberschaubare Gebilde Gemeinde Soziostrukturen: Gemeinschaften, Gruppen, Arbeitskreise und Initiativen unterschiedlicher Art – kleine Einheiten, in denen Begegnung möglich ist, in denen Lebens- und Glaubensgeschichten mitgeteilt werden, in denen Menschen unterschiedlicher Herkunft und Prägung mit unterschiedlich intensiver Beziehung zur Kirche und mit unterschiedlichen Bedürfnissen ein Stück menschliche und geistliche Beheimatung erfahren. Die Gemeinde wird auf diese Weise zu einer ›Gemeinschaft von Gemeinschaften‹.«[15]

CHRIST WIRD MAN DURCH ANDERE

Christ bin ich geworden und geblieben durch andere Menschen, in deren Freundschaft mir die Menschenfreundlichkeit Gottes begegnet ist.

■

Christ bin ich geworden und geblieben durch andere Menschen, deren entschiedenes Engagement mir die Augen geöffnet hat für das Engagement Jesu.

■

Christ bin ich geworden und geblieben durch meine Frau, deren Liebe ich erfahre als Spiegelung des göttlichen Schalom, in dem Eros und Agape zwei Seiten derselben Wirklichkeit sind.

■

Christ bin ich geworden und geblieben durch Männer, durch Frauen, die mir Mut zu mir selber machten.

■

Christ bin ich geworden und geblieben, weil ich unter Christen die offensten, mutigsten, anregendsten Menschen gefunden habe.

■

Christ bin ich geblieben, weil ich in der Kirche die heftigsten Konflikte mit anderen Menschen erlebt habe, was einerseits Beziehungsabbrüche und Feindschaften, andererseits Freundschaften mit Menschen zur Folge hatte, mit denen ich Pferde stehlen, Kirchenbonzen stürzen oder unheiligen Schabernack treiben kann.

■

Christ bin ich – um in meiner Aufzählung einzuhalten – durch andere, dank anderen. Ich weiß nicht, ob ich als Eremit oder allein auf einer Insel Christ sein könnte. Mein Christsein ist dadurch bestimmt, daß es eine Gemeinde Christi gibt, die freilich nicht einfach identisch ist mit kirchlichen Institutionen. Gemeinde Christi, das sind für mich lebendige Menschen und Gruppen im oben erwähnten Sinn.

■

Unter diesen Menschen, in Gruppen engagierter Christen also, erlebe ich, was Solidarität ist, was es bedeutet, bejaht zu sein und andere zu bejahen, für sie einstehen zu dürfen. Ich, der Furchtsame, lernte es, Furcht abzulegen, frei zu werden vor anderen und für andere, lernte es auch, weltweit oder kirchlich Mächtigen, weltlichen oder kirchlichen Mehrheiten entgegenzutreten. Ich lernte das, weil ich mich getragen und gestützt weiß von jener kleinen Schar unerschrockener, ja fröhlich frecher und heilig respektloser Christen und Christinnen, die für mich Gemeinde Christi sind und unter denen der johanneische Satz aufleuchtet, einleuchtet: ›Gott ist Liebe.‹ (1 Joh 4,8.16) Für mich der Kron- und Zentralsatz der neutestamentlichen Botschaft, der sich in Begegnungen, Aktionen, Konflikten, in Lust und Zorn, in Verzweiflung und Zärtlichkeit, in Niederlagen und Festen, in Enttäuschung und Hoffnung, in erbitterten Fehden und stillen Gottesdiensten immer reicher entfaltet! ...

Kurt Marti[16]

4 Partnerschaftliche Leitungskultur

Die vierte pastorale Perspektive betrifft die Leitungskultur einer Gemeinde. Die Frage der Leitung ist derzeit ein viel diskutiertes pastorales Thema. Es ist vor allen Dingen deshalb ein wichtiges Thema, weil nicht selten in den Gemeinden ein Leitungsdefizit beklagt wird. Dieses Defizit entsteht aus zweierlei Gründen: Einmal wird Leitung häufig nicht oder nur unzulänglich wahrgenommen – zum anderen wird sie autoritär ausgeübt. Dabei sind beide Verhaltensweisen untauglich, eine Gemeinde durch den Wandel der Zeiten zu leiten. Besonders in Übergangszeiten ist eine gut funktionierende Leitung unentbehrlich.

Unbestritten ist, dass jede Gemeinde eine klare Leitungsstruktur braucht, weil eine Gemeinde ohne sie nicht funktionieren kann. Dabei nützen keine romantisierenden Vorstellungen, dass Leitung von allen gemeinsam ausgeübt werden könnte; und wenn dabei nur alle gut zusammenarbeiten würden, könnte es doch gut funktionieren. Es hat keinen Sinn, die Notwendigkeit von Leitung zu verwässern.

Wer sich mit der Frage einer der Situation angemessenen Leitungskultur beschäftigt, muss sich zwei zentralen Fragestellungen widmen:

- Die erste Frage lautet, welche Aufgaben Leitungsverantwortliche unbedingt wahrnehmen müssen. Es handelt sich dabei um jene zentralen Leitungsaufgaben, die von den für die Leitung Verantwortlichen nicht delegiert werden können und somit als Kernaufgaben der Leitung verstanden werden müssen.

- Die zweite Frage ist, wie die Leitungsverantwortung ausgeübt wird. Diese Frage zielt mehr auf den persönlichen Führungsstil der Einzelnen und ist somit eng mit der Persönlichkeit der jeweiligen Personen verbunden.

Undelegierbare Leitungsverantwortung

Das Wort »leiten« bedeutet in seiner ursprünglichen Form »gehen«, »fahren machen«. In diesem Wortsinn tragen Leitungsverantwortliche Sorge dafür, dass eine Gemeinde nicht stehen bleibt, sondern in ihrer Entwicklung vorankommt. Versteht man diese Aufgabe als eine der zentralen Leitungsaufgaben, so wird verständlich, warum gerade in Übergangszeiten gute Leitung unentbehrlich ist. Um dieser Verantwortung gerecht zu werden, gehören zu den Kernaufgaben der Leitung folgende Bereiche:

Visionen lebendig halten

Leitung ist immer dann besonders gefragt, wenn weit reichende Veränderungen anstehen. Innovatives Denken und Handeln sichert die Zukunft der Gemeinden. Die Leitung sorgt dafür, dass die Visionen einer Gemeinde lebendig bleiben. Diese zentrale Aufgabe darf nicht vernachlässigt werden, denn die Initiative für innovatives Handeln und Denken liegt in der Verantwortung der Gemeindeleitung.

Zusammenwirken der Dienste

Die Gemeindeleitung schafft einen Rahmen, in dem das Amt, die hauptberuflichen Dienste und die ehrenamtlich tätigen Frauen und Männer ihren spezifischen Ort finden und gut zusammenarbeiten können. Der Leiter bringt die Begabungen und Fähigkeiten der Mitarbeiterinnen und Mitarbeiter ins

Spiel, koordiniert, fördert die Kooperation und unterstützt die Lösungen von Konflikten.

Dezentralisierung der Verantwortung

In der Gemeindeleitung wirken hauptberufliche und ehrenamtliche Dienste zusammen. Es gilt dabei der Grundsatz, die Verantwortung zu dezentralisieren und die Verantwortungsträger zu vernetzen. Die Menschen sollen in den gewachsenen Einheiten (Gemeinden, Wohngebieten, Dörfern, Weilern, Stadtteilen) unterstützt werden, um dort Gemeinde zu bilden. Um Verantwortung dezentralisieren zu können, braucht es Entscheidungsstrukturen, bei denen die Betroffenen mitentscheiden können.

Ausrichtung des Gemeindelebens am Evangelium

Leitungsverantwortliche halten die Erinnerung an das Evangelium wach. Sie setzen sich dafür ein, dass die Gemeinde in ihrem Tun nicht aus der Spur des Evangeliums gerät.

Betroffene zu Beteiligten machen

Die zweite Frage war, in welcher Form Leitung ausgeübt wird. Diese Frage hat ihre besondere Brisanz deswegen, weil Leitungsverantwortliche durch ihr Verhalten vieles ermöglichen oder eben auch verhindern. Daher haben sie für die Entwicklung einer Gemeinde eine wichtige Weichenfunktion.

Eine Führungskultur, die der heutigen Situation angemessen ist, sollte partnerschaftlich sein, denn nur ein partnerschaftlicher Führungsstil wird dem Wunsch der Menschen nach Mit- und Selbstbestimmung gerecht. Ein partnerschaftlicher Führungsstil macht die Betroffenen zu Beteiligten.

Allerdings ist eine partnerschaftliche Leitungskultur nicht mit einem einzigen Führungsstil gleichzusetzen. Bei der Diskussion um eine angemessene Leitungskultur wird oft übersehen, dass es den einen idealen Stil der Führung nicht gibt. Die Annahme, es gäbe nur einen optimalen Führungsstil, verkürzt die komplexe Realität. Die einzelnen Gemeinden sind sehr unterschiedlich, ebenso deren Verantwortliche und ihre Aufgaben. Was für eine Gemeinde angemessen ist, muss nicht für eine andere gelten, und ein Verhalten, das zu einer Person passt, ist für die andere nicht zwangsläufig stimmig. Es geht also nicht darum, einen Führungsstil zu idealisieren, sondern darum, dass Leitungsverantwortliche und Gemeindemitglieder Partner werden.

Die folgende Tabelle gibt einen schematischen Überblick über die Führungsstile, die gewöhnlich unterschieden werden:

Führungsstil	Verhalten des Vorgesetzten
autoritär	Vorgesetzter entscheidet und ordnet an.
patriarchalisch	Vorgesetzter entscheidet; er ist aber bestrebt, seine Mitarbeiter von den Entscheidungen zu überzeugen, bevor er sie anordnet.
informierend	Vorgesetzter entscheidet allein; er informiert jedoch seine Mitarbeiter und gestattet Fragen zu seinen Entscheidungen, um die Akzeptanz zu fördern.
beratend	Vorgesetzter informiert seine Mitarbeiter über seine Pläne, die Mitarbeiter haben die Möglichkeit, ihre Meinung zu äußern, bevor der Vorgesetzte die endgültige Entscheidung trifft.
kooperativ	Mitarbeiter entwickeln Vorschläge; aus der Zahl der gemeinsam gefundenen möglichen Problemlösungen entscheidet sich der Vorgesetzte für die von ihm favorisierte Lösung.

partizipativ	Die Mitarbeiter oder die Gruppe entscheiden, nachdem der Vorgesetzte das Problem aufgezeigt und die Grenze des Entscheidungsspielraumes festgelegt hat.
demokratisch	Der Mitarbeiter oder die Gruppe entscheidet; der Vorgesetzte fungiert als Koordinator nach innen und nach außen.

Betrachtet man die einzelnen Führungsstile, wird deutlich, dass nicht alle Verhaltensweisen dazu geeignet sind, die zentralen Leitungsaufgaben partnerschaftlich wahrzunehmen. Das ist beispielsweise mit einem ausschließlich autoritären Führungsstil nicht möglich; ebenso werden Patriarchen dieses Kriterium kaum erfüllen. Geeigneter dagegen sind ein beratender, kooperativer, partizipativer und demokratischer Führungsstil. Vorgesetzte also, die regelmäßig die Beratung ihrer Mitarbeiter suchen, die kooperativ handeln und in Entscheidungssituationen andere einbeziehen, handeln partnerschaftlich. Wer den Wunsch nach Selbstbestimmung der Menschen nicht achtet, wird sich als Führungsperson keine Autorität erwerben können. Wenn sich die Gemeinden in Zukunft zu größeren Verbünden zusammenschließen werden, wird ein hohes Maß an Kooperation und damit eine ausgeprägte partnerschaftliche Leitungskultur notwendig sein.

Werden haupt- und ehrenamtliche Mitarbeiter gefragt, wie sie die Führungskultur in ihrer Gemeinde einschätzen und wie sie sich diese im Vergleich dazu wünschen, ergibt sich zumeist folgendes Bild:

Führungsstil	Wirklichkeit	Wunsch
autoritär	x	
patriarchalisch	xxxx	
informierend	xxxxxx	x
beratend	xxxxx	xxxxx
kooperativ	xxx	xxxxxx
partizipativ	x	xxxxxx
demokratisch		xx

An dieser Aufstellung wird deutlich, dass sich die Befragten insgesamt einen eher partnerschaftlichen Führungsstil wünschen.

Verändertes Rollenverständnis

Wer sein Verhalten als Führungskraft verändert, definiert damit sein Rollenverständnis neu. Daher lohnt es sich, einen Blick auf die Veränderung der Rollenzuschreibungen zu werfen. Ein partnerschaftlicher Leitungsstil verändert die Rollen aller Beteiligten, egal ob es Pfarrer, hauptberufliche oder ehrenamtliche Mitarbeiter sind. Die folgende Beschreibung eines Priesters, der seine Rolle als Gemeindeleiter reflektiert, zeigt, wie sich das Rollenverständnis im Zusammenhang mit einer partnerschaftlichen Leitung wandeln kann.

Förderung der Gemeindebildung

- Ich überprüfe ständig unsere Pläne und Aktionen an unserer Zielvorstellung und bringe dieses Anliegen bei den Verantwortlichen ein.
- Ich versuche Mitarbeiter zu finden, sie anzusprechen, sie zu begleiten, zu fördern, zu schützen und vor Überlastungen zu bewahren.

- Ich unterstütze Gruppenbildungen und gemeinsame Aktionen. Ich sorge dafür, dass möglichst niemand eine Aufgabe allein macht, sondern andere beteiligt.
- Ich setze mich dafür ein, dass dort, wo schon Gemeinde gelebt wird, die Gemeinschaft evangeliumsgemäßer wird. Ich schaue, frage, ermuntere, lobe, mahne, mache Vorschläge.

Entwicklung von Gemeindeleitung

- Ich fördere alle Entwicklungen, in denen Gemeindemitglieder Leitungsaufgaben annehmen und wahrnehmen.
- Ich teile, wo immer möglich, meine Verantwortung mit anderen.
- Ich übernehme nur das, was andere nicht tun können oder noch nicht tun wollen und gebe ab, was andere tun können und wollen.

Zusammenarbeit auf allen Ebenen

- Ich nütze jede Chance, um die Zusammenarbeit im Kirchengemeinderat, Dorfrat, im Dorf, aber auch zwischen den Dörfern zu fördern.
- Ich suche persönlich den Erfahrungsaustausch auf den verschiedensten Ebenen, um daraus für den weiteren Entwicklungsprozess zu lernen.

Seelsorger und Theologe

- Ich stehe als Seelsorger allen zur Verfügung, bemühe mich aber von mir aus vor allem um die Mitarbeiterinnen und Mitarbeiter und versuche neue Felder zu erschließen.
- Ich nehme die Dienste der Verkündigung und die Feier der Liturgie sehr ernst und versuche, sie in der Rückbindung an die Gemeinde zu verwalten.

Walter Stöffelmaier[17]

Rollenveränderung der Leitungsverantwortlichen (A3)

	Bisher	Künftig
	Trägerin der Seelsorge sind allein die hauptberuflichen Dienste	Trägerin der Seelsorge ist die Gemeinde als Ganze
Leitungsverhältnis	Alle Fäden in einer Hand haben	Geistliche Leitung als spezifischer Leitungsdienst unter Leitern
Rollencharakteristik	Weit gehende Alleinzuständigkeit für die Wahrnehmung pastoraler Aufgaben • Einleitung und Kontrolle aller Initiativen • Ehrenamtliche werden als Helfer hinzugezogen	Subsidiärer Dienst für die Trägerschaft der Seelsorge durch die Gemeinde • Anregungen und Gestaltungsimpulse • Begleitung und Befähigung der Gemeindemitglieder • Theologisch-pastorale Fachberatung
Auswirkungen	• passive Haltung, Versorgungserwartung • Überlastung, Frustration, Resignation • Verlust vieler Begabungen	• Ehrenamtliche und Hauptberufliche tragen gemeinsam Verantwortung • Höhere Motivation der Gemeindemitglieder • Gewinn der Begabungen

Nicht mehr die Leitungsverantwortlichen haben alle Fäden in der Hand, sondern Leitung unterstützt subsidiär die Dienste in der Gemeinde. Leitungsverantwortliche animieren, geben Impulse und begleiten, befähigen die Ehrenamtlichen. Diese Haltung verhindert den Verlust vieler brachliegender Begabungen und erhöht die Motivation und das Selbstbewusstsein der Ehrenamtlichen.

Werden zunehmend mehr Ehrenamtliche an der Leitung beteiligt, braucht es ausgeprägte Formen der Kooperation. Wie dabei die Rolle der Leitungsverantwortlichen aussehen kann, ist auf dem Arbeitsblatt A3 (S. 74) thesenartig zusammengefasst.

Eine partnerschaftliche Leitungskultur versucht die Zusammenarbeit von haupt- und ehrenamtlichen Mitarbeitern so zu gestalten, dass die Begabungen der Einzelnen und die Vorteile eines Teams zur Geltung kommen. Mit diesen Vorteilen sind zugleich aber auch die Grenzen einer partnerschaftlichen Zusammenarbeit markiert. Gut leiten können jene, die die persönliche Voraussetzung dafür haben. Ebenfalls ist mit der Notwendigkeit einer partnerschaftlichen Leitung nicht zugleich gesagt, dass damit jedes Team gut funktioniert. Auch hier hängt der Erfolg maßgeblich von den beteiligten Personen und deren Zusammensetzung ab.

Das Pastoralteam

Die Vorteile eines funktionierenden Teams sollten auch in der pastoralen Arbeit einer Gemeinde genutzt werden. Dabei ist das Pastoralteam keine völlig neue Erfindung, denn längst gibt es in vielen Gemeinden mannigfaltige Formen der Zusammenarbeit in Teams, die sich in den meisten Fällen bewährt haben. Es lohnt an dieser Stelle, sich eingehender mit den Möglichkeiten eines Pastoralteams zu beschäftigen, weil diese Teams in

Zukunft in der Gemeindearbeit immer mehr Bedeutung bekommen werden.

Die Zuordnung des Pastoralteams zum Kirchengemeinderat ist etwa vergleichbar mit dem Verwaltungsausschuss. Innerhalb eines klar umschriebenen Rahmens nimmt der Pastoralausschuss seine Arbeit auf und leitet die entsprechenden Schritte in die Wege.

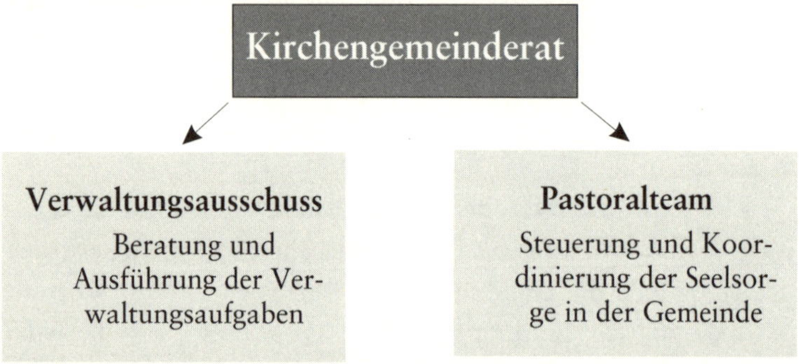

In naher Zukunft wird es unvermeidbar sein, dass immer mehr Gemeinden ohne einen Pfarrer oder einen anderen pastoralen Mitarbeiter auskommen müssen, der für sie allein zuständig ist. Soll dies ohne allzu großen Verlust an Profil, Substanz und Identität für die einzelnen Gemeinden möglich sein, empfiehlt sich dringend die Einrichtung eines Pastoralausschusses in allen Gemeinden. Denn werden Pastoralausschüsse übergemeindlich gebildet, verlieren die jeweiligen Gemeinden möglicherweise ihre eigene Leitungskompetenz. Natürlich sprechen eigene Pastoralausschüsse nicht gegen eine Kooperation mit anderen Gemeinden, wo diese sinnvoll erscheint. Im Gegenteil, eine gute Zusammenarbeit wächst dort, wo die einzelnen Partner wissen, was sie wollen.

Sie finden im Folgenden einen Vorschlag, wie ein Pastoralteam aussehen kann, was seine Funktionen sind und wie es sich in das Gesamtgefüge einer Gemeinde einordnet.

Das Pastoralteam wird vom Kirchengemeinderat gebildet und beauftragt und ist diesem gegenüber verantwortlich. Seine Amtszeit ist an die des Kirchengemeinderats gebunden.

Aufgabe des Pastoralteams ist es, den Kirchengemeinderat bei der Ausführung seiner Beschlüsse, bei der Koordinierung der pastoralen Aufgaben und bei der Förderung von Kommunikation und Austausch zu unterstützen.
Die einzelnen Aufgaben des Pastoralteams werden unter Berücksichtigung der oben genannten Verantwortlichkeiten des Kirchengemeinderats und der jeweiligen Situation vereinbart und gegebenenfalls fortgeschrieben. Zu diesen Aufgaben können insbesondere gehören:

- im Auftrag des Kirchengemeinderats die Einrichtung von Diensten und Arbeitsgruppen für anstehende Aufgaben und die Sorge um deren Begleitung,
- der Kontakt mit den Verantwortlichen der verschiedenen Bereiche und der entsprechenden Sachausschüsse sowie deren Begleitung,
- der Kontakt mit den verschiedenen Gruppen und Gemeinschaften der Gemeinde und deren Unterstützung,
- der Kontakt bzw. die Zusammenarbeit mit den Nachbargemeinden sowie den ausländischen katholischen Mitchristen und den ausländischen Katholischen Missionen,
- der Kontakt bzw. die Zusammenarbeit mit Partnern in der Ökumene, in der Kommune, in politischen und gesellschaftlichen Bereichen,
- die Erarbeitung von pastoralen Impulsen und Beratungsvorlagen für den Kirchengemeinderat,
- Ansprechpartner sein für bestimmte Bereiche, die sowohl inhaltlich als auch territorial umschrieben sein können,
- die Ausführung der Beschlüsse des Kirchengemeinderats, so weit dieser das Pastoralteam damit beauftragt,
- die Information des Kirchengemeinderats über Entwicklungen in der Gemeinde und Aufgaben, die sich daraus ergeben.

Damit das Pastoralteam seine Aufgabe, die Arbeit des Kirchengemeinderats zu unterstützen, wahrnehmen kann, müssen geeignete Formen der gegenseitigen Information zwischen Kirchengemeinderat und Pastoralteam vereinbart werden.

Dem Pastoralteam gehören hauptberuflich und ehrenamtlich tätige Mitglieder an; über die Zusammensetzung beschließt der Kirchengemeinderat. Grundsätzlich besteht ein Pastoralteam aus

- dem Pfarrer,
- hauptberuflich tätigen Mitarbeitern/-innen je nach Auftrag,
- dem/der Zweiten Vorsitzenden oder einem anderen Mitglied des Kirchengemeinderats, das von diesem beauftragt ist,
- den dafür benannten Mitgliedern bestimmter Sachausschüsse bzw. den Verantwortlichen verschiedener Seelsorgebereiche (z. B. der für die Grunddienste eingerichteten) sowie einer Person, die den Bereich Jugendseelsorge/Jugendarbeit vertritt.

Zur Erledigung seiner Aufgaben kann das Pastoralteam neben den vom Kirchengemeinderat benannten Mitgliedern weitere Personen zur beratenden Mitwirkung heranziehen oder als Gäste einladen.

Über die personelle Zusammensetzung kann, um der konkreten Situation der Gemeinde gerecht zu werden, jeweils nur vor Ort entschieden werden. Bei dieser Entscheidung sollte jedoch berücksichtigt werden, dass die Gruppe um ihrer eigenen Arbeitsfähigkeit willen nicht zu groß sein sollte und dass sie sowohl aus Männern, als auch aus Frauen besteht. Im Blick auf Zusammensetzung und Arbeitsweise sollte eine gewisse Flexibilität erhalten bleiben; auch ist es sinnvoll, eine Phase der Erprobung zu vereinbaren, nach deren Ablauf die Arbeitsbedingungen aufgrund der dann verfügbaren Erfahrungen nochmals bedacht, geprüft und gegebenenfalls korrigiert werden können.

Der Pfarrer kann sich im Pastoralteam (im Einzelfall auch ständig) durch eine/n hauptberuflich tätige/n pastorale/n Mitarbeiter/in vertreten lassen; ist dies nicht möglich, kann das Pastoralteam auch ohne ihn beraten und Beschlüsse fassen. Dies gilt insbesondere für die Fälle, in denen ein Pfarrer für mehrere Kirchengemeinden zuständig ist.

Mehrere Kirchengemeinden, die von einem Pfarrer geleitet werden, entwickeln Formen der Kooperation zwischen den jeweiligen Kirchengemeinderäten und zwischen den jeweiligen Pastoralteams, die der örtlichen Situation angemessen sind. Lässt sich der Pfarrer in einem Pastoralteam vertreten, so trägt dieses Sorge dafür, dass die Verbindung zwischen Pfarrer und Pastoralteam gewährleistet bleibt; dafür sind verbindliche Formen zu vereinbaren.[18]

Anregung

Die folgende biblische Erzählung kann den Gedanken einer partnerschaftlichen Leitungskultur verdeutlichen. Die Erzählung beschreibt, wie Mose sein Führungsverhalten verändert hat. In der Erzählung spricht Mose für sein Volk Recht. Weil er aber überaus beschäftigt ist, müssen die Leute lange Zeit bei ihm anstehen. Sein Schwiegervater Jitro beobachtet die Situation und ermahnt Mose:

»Da sagte der Schwiegervater zu Mose: Es ist nicht richtig, wie du das machst. So richtest du dich selbst zugrunde und auch das Volk, das bei dir ist. Das ist zu schwer für dich; allein kannst du es nicht bewältigen. Nun hör zu, ich will dir einen Rat geben, und Gott wird mit dir sein. Vertritt du das Volk vor Gott! Bring ihre Rechtsfälle vor ihn, unter-

richte sie in den Gesetzen und Weisungen, und lehre sie, wie sie leben und was sie tun sollen. Du aber sieh dich im ganzen Volk nach tüchtigen, gottesfürchtigen und zuverlässigen Männern um, die Bestechung ablehnen. Gib dem Volk Vorsteher für je tausend, hundert, fünfzig und zehn! Sie sollen dem Volk jederzeit als Richter zur Verfügung stehen. Alle wichtigen Fälle sollen sie vor dich bringen, die leichteren sollen sie selber entscheiden. Entlaste dich, und lass auch andere Verantwortung tragen! Wenn du das tust, sofern Gott zustimmt, bleibst du der Aufgabe gewachsen, und die Leute hier können alle zufrieden heimgehen.

Mose hörte auf seinen Schwiegervater und tat alles, was er vorschlug. Mose wählte sich tüchtige Männer in ganz Israel aus und setzte sie als Hauptleute über das Volk ein, als Vorsteher für je tausend, hundert, fünfzig und zehn. Sie standen dem Volk jederzeit als Richter zur Verfügung. Die schwierigen Fälle brachten sie vor Mose, alle leichteren entschieden sie selber.« (Ex 18,17–27)

Nach einer kurzen Einführung in das Thema bietet sich an, mit der Methode des Bibel-Teilens (vgl. S. 47) in sieben Schritten den Text aus dem Buch Exodus 18,13–27 zu bearbeiten. Der sechste Schritt dabei könnte so lauten: Sprechen Sie darüber (eventuell in Paaren), welche Impulse Ihnen der Text für die Gestaltung der Leitung in Ihrer Gemeinde geben kann.

Teil 3

Gemeindeentwicklung praktisch

Ob etwas Leben werden kann,
das hängt nicht (allein) von den großen Ideen ab,
sondern davon,
ob man aus ihnen ein Handwerk schafft.

Rainer M. Rilke

Was Rilke hier sagt, trifft auch auf die Entwicklung von Gemeinden zu. Ob die Gemeinden von den Ideen und Konzepten zur Gemeindeentwicklung profitieren können, hängt entscheidend davon ab, ob es Menschen gibt, die sich auf dieses Handwerk einlassen. Daher soll der dritte Teil den Charakter einer Werkstatt tragen, in der es um das Handwerk der Gemeindeentwicklung geht.

In vielen Gemeinden gibt es interessante Aufbrüche und praktische Erfahrungen, die die Gestaltung der eigenen Praxis inspirieren können. Daher werden hier bewährte Projekte zur Gemeindeentwicklung vorgestellt, die die eine oder den anderen anstiften möchten, sich auf den Weg einer Entwicklung einzulassen. Natürlich gibt es neben den hier genannten Projekten unzählige andere gute Formen von Aufbrüchen. Hier geht es jedoch nicht darum, möglichst umfassend die existierenden Initiativen vorzustellen, vielmehr sollen einige ausgewählte Impulse zum Nachdenken und zur Inspiration der eigenen Tätigkeit gegeben werden.

Die Initiativen und Projekte, die im Folgenden beschrieben werden, haben gemeinsam, dass sie die zuvor ausgeführten pastoralen Perspektiven in den gemeindlichen Alltag umsetzen möchten. Neben dieser Gemeinsamkeit gibt es natürlich auch Unterschiede. Sie unterscheiden sich hinsichtlich des Umfanges und ihrer Zielgruppe. Es gibt also Projekte, die eher auf längere Zeit angelegt sind und sich über zwei bis drei Jahre erstrecken, und solche, die sich auf wenige Wochen beschränken. Dann gibt es Projekte, die sich an die Leitungsverantwortlichen richten, beispielsweise den Kirchengemeinderat, und es sind ebenso Projekte aufgeführt, die sich auf die Gemeinde als Ganze beziehen.

Bei der Entwicklung von Gemeinden ist es hilfreich, sich zu vergegenwärtigen, dass es nicht die ideale Gemeinde gibt, die am besten für Entwicklungen geeignet ist, und dass es ebenso nicht die Gemeinde gibt, bei der keine Veränderungen denkbar sind. Genauso wenig existiert der Königsweg zur Entwicklung von Gemeinden. Nein, dazu sind die Gemeinden zu vielfältig, sie haben alle ihr je eigenes Gesicht. Schon dieser Umstand verbietet es, in den Fragen der Gemeindeentwicklung nur eindimensional zu denken und zu handeln. Ein Projekt anzugehen bedeutet nicht, eine Gemeinde über Nacht auf den Kopf zu stellen, sondern oft sind es gerade unspektakuläre und bescheidene Projekte, die Entwicklungen in Gang setzen.

Das Rottenburger Modell der Gemeindeerneuerung

1

Dieses Modell ist ein seit fünfzehn Jahren erprobter Weg zur Entwicklung von Gemeinden. Es ist ein Versuch, die Gemeinden von ihrer Basis aus zu entwickeln. Dabei verfolgt die Gemeindeerneuerung zwei Ziele: Sie möchte die Teilnehmerinnen und Teilnehmer anregen, ihren persönlichen Glauben zu vertiefen und sie möchte das Leben der Gemeinde in kleinen Gruppen und Gemeinschaften fördern.

Zwischenzeitlich haben viele Gemeinden diesen Weg beschritten und dabei gute Erfahrungen gemacht. Die wichtigsten Erfahrungen sind:

Die Teilnehmer der Gemeindeerneuerung fühlten sich auf dem Weg ihres persönlichen Glaubens bestärkt. Dazu beigetragen haben vornehmlich die Bibelgespräche und der Austausch über den persönlichen Glauben.

Es haben sich Gruppen gebildet, die sich auch über die Phase der Gemeindeerneuerung hinaus regelmäßig treffen. Die gegenseitige Akzeptanz in der Gemeinde, die Vernetzung untereinander und das Verständnis füreinander ist gewachsen; das Gemeindeklima ist insgesamt merklich freundlicher geworden.

Das Bewusstsein dafür, dass Gemeinde nur mit und aus den Begabungen der Einzelnen leben kann, ist gewachsen. Weil die Gemeindeerneuerung in der Gemeinde Gemeinschaft stiftet, hat sich ein Verständnis für ein gemeinschaftlich orientiertes Gemeindemodell entwickelt.

Das Konzept

Insgesamt ist das Rottenburger Modell ein umfangreiches Projekt, das sich aus den drei Phasen Sehen, Urteilen und Handeln zusammensetzt. Es beginnt mit einer Gemeindeanalyse (Sehen), verdichtet sich in einer sechs- bis achtwöchigen Intensivphase (Urteilen) und endet mit einer Phase, in der versucht wird, die gesammelten Erfahrungen in den Gemeindealltag zu integrieren (Handeln). Der Erneuerungsweg ist auf insgesamt zwei bis drei Jahre angelegt.

Phase 1: Sehen

In dieser ersten Phase geht es darum, die pastorale Situation in der Gemeinde zu analysieren. Die Analyse dient dazu, möglichst viele in den Entwicklungsprozess einzubeziehen und zugleich wichtige Informationen aus der Gemeinde zu erhalten. Sie dienen als Ansatzpunkte für eine Neuorientierung in der Gemeinde.

Phase 2: Urteilen

Diese Phase (6–8 Wochen) steht ganz im Zeichen einer Glaubensvertiefung und Gruppenbildung. Sie wird auch die Intensivphase genannt, weil während dieser Zeit alle anderen Gemeindeaktivitäten ruhen und diese Phase von den Teilnehmern als sehr intensiv erlebt wird. Die Intensivphase besteht aus folgenden Elementen:

- Es bilden sich Gruppen, die in wöchentlichen Treffen miteinander die Bibel lesen (Bibel-Teilen) und über ihren Glauben sprechen. Die Treffen orientieren sich an bestimmten Themen, die sich bewährt haben oder die sich aus der Gemeindeanalyse ergeben.
- In einer täglichen Lebensbetrachtung können die Teilnehmer ihr Leben im Spiegel der Heiligen Schrift meditieren.

- Im Sonntagsgottesdienst werden die Teilnehmer auf das Thema der Woche eingestimmt oder er bildet den Abschluss des jeweiligen Wochenthemas.
- Weitere Angebote begleiten den Erneuerungsprozess: ein Bußgottesdienst und die Möglichkeit einer Tauf- oder Tauferneuerungsfeier.

Die Bildung von Gruppen, die in dieser Phase gefördert wird, ist eines der wichtigsten Elemente der Gemeindeerneuerung. Die Gruppentreffen haben jeweils einen thematischen Schwerpunkt. Folgende Themenabfolge hat sich bewährt:

- Durst nach Leben – Sehnsüchte, Lebenshoffnungen
- Spuren Gottes – das eigene Leben im Licht des Glaubens sehen lernen
- Von Gott geliebt, zur Umkehr befreit – Gottes Entgegenkommen und unsere Umkehr
- Berufungen annehmen, Begabungen entfalten – Verantwortung wahrnehmen als Mitarbeiter und Mitarbeiterinnen Gottes
- Der Liebe Hand und Fuß geben – Diakonie
- Weggemeinschaft im Glauben erfahren – Kirche und Gemeinde im Wandel
- Als Leib Christi zusammen leben und wirken – Gemeinde als Gemeinschaft von Gemeinschaften
- Die Fülle des Lebens empfinden – Leben feiern und Zeugnis geben; heute als Christ alternativ leben

Die Themen können nach Bedarf verändert werden. Oft ergeben sich aus der Analysephase wichtige Themen, die in die Gestaltung der zweiten Phase einfließen.

Phase 3: Handeln

Die Erfahrungen, die während der zweiten Phase gesammelt wurden, sollen in einer dritten Phase weitergeführt werden. Nach einer gemeinsamen Auswertung werden aus der zweiten Phase Konsequenzen für das alltägliche Gemeindeleben gezogen. Das könnte beispielsweise bedeuten, Strukturen für eine gemeinsame Trägerschaft der Seelsorge zu entwickeln.

Die Erfahrung zeigt, dass die Teilnehmer der Gemeindeerneuerung Personen sind, die dem engeren Kreis der Gemeinde zugerechnet werden können. Je nach Größe der Gemeinde nehmen 50 bis 200 Personen teil. Es sind zumeist Personen, die entweder durch eine Gruppe oder durch den regelmäßigen Besuch des Gottesdienstes eine Beziehung zur Gemeinde haben. Dies ist nicht als Nachteil zu sehen, sondern entspricht dem Konzept dieser Form der Gemeindeerneuerung, die den Weg von innen nach außen gehen möchte.

Vorbereitung und Durchführung

Aus dem Verlauf der einzelnen Phasen wird ersichtlich, dass die Gemeindeerneuerung ein sehr umfangreiches Projekt ist, das auf einen längeren Zeitraum angelegt ist. Wer sich auf solch ein umfangreiches Projekt einlässt, braucht bei den Verantwortlichen eine mehrheitliche Entscheidung. In den meisten Fällen wird dies der Kirchengemeinderat sein.

Für die Vorbereitung und Durchführung der Gemeindeerneuerung haben sich aus den Erfahrungen in den letzten Jahren folgende Elemente bewährt:

- Zunächst muss die Entscheidung für die Durchführung einer Gemeindeerneuerung gefällt werden. Bei so umfangreichen Projekten sollte die Mehrzahl der Kirchengemeinderatsmitglieder das Projekt begrüßen.
- Ist die Entscheidung gefallen, sollte die Gemeinde darüber informiert werden. Es geht dabei natürlich nicht nur um eine Informationsweitergabe, sondern ebenso darum, für das Projekt zu werben.
- Für die Planung und Durchführung der weiteren Schritte hat sich ein Leitungsteam bewährt, das sich dieser Aufgabe annimmt. Das Leitungsteam setzt sich am besten aus haupt- und ehrenamtlichen Mitarbeitern zusammen. Das Team kann durch eine Begleitung von außen unterstützt werden (Anfragen zur Begleitung können an die unten genannte Adresse gerichtet werden).
- Für die Durchführung der Gemeindeanalyse sollte ein Projektteam eingesetzt werden.
- Die Gruppenbegleiter, die in der zweiten Phase die Gruppen moderieren, werden auf ihre Aufgabe vorbereitet.

Bei der Durchführung der Gemeindeerneuerung bietet das Institut für Fort- und Weiterbildung der Diözese Rottenburg-Stuttgart und die Hauptabteilung IVa »Pastorale Konzeption« Information und Beratung an. Dort ist ein ausführlicher Leitfaden zur Gemeindeerneuerung nach dem Rottenburger Modell erhältlich. Ebenso finden laufend Vorbereitungskurse für Personen statt, die an der Durchführung dieses Modells Interesse haben. Zudem können dort auch Personen angefragt werden, die zur weiteren Information für Ihre Gemeinde zur Verfügung stehen.

Auskunft und Kontakt

- Bischöfliches Ordinariat der Diözese Rottenburg-Stuttgart, Hauptabteilung IVa, Pastorale Konzeption, Referat für Gemeindepastoral, Postfach 9, 72101 Rottenburg, Tel. 07472/169-428, Fax 07472/169-570, e-mail: Gwagner@bo.drs.de

- Institut für Fort- und Weiterbildung, Postfach 9, 72101 Rottenburg, Tel. 07472/922-158, Fax 07472/922-165, e-mail: Cbundschuh@bo.drs.de

Gemeindeanalyse

2

In einer Gemeindeanalyse geht es darum, sich ein Bild von der derzeitigen pastoralen Situation in der Gemeinde zu machen. Eine Analyse kann ein erster wichtiger Schritt auf dem Weg einer Entwicklung sein. Für eine Gemeinde, die aufbricht, ist es sicherlich hilfreich zu wissen, wo sie steht und wie sie von ihren Gemeindemitgliedern wahrgenommen wird. Eine Gemeindeanalyse kann deshalb wichtige Anhaltspunkte für die weitere Entwicklung liefern und sie kann helfen, die richtigen Schwerpunkte zu setzen.

Eine Analyse bringt allerdings nur einen Gewinn, wenn sich eine Gemeinde zuvor für einen Aufbruch entschlossen hat, denn es hat keinen Sinn, Daten zu sammeln, ohne vorher zu wissen, was anschließend damit geschehen soll. Vor der Entscheidung, eine Gemeindeanalyse durchzuführen, steht daher die Entscheidung, die ermittelten Daten auch auszuwerten, sie zu deuten, um damit eine Entwicklung in Gang zu bringen. Die Analyse steht also ganz im Dienst der Weiterentwicklung einer Gemeinde.

Eine Gemeindeanalyse hat nicht nur den Sinn, Informationen und Daten zu sammeln, um sich ein Bild von der gegenwärtigen Situation der Gemeinde zu machen, sondern ein ebenso wichtiger Nutzen ist, Aufbruchswillige in den Entwicklungsprozess einzubinden. Denn wer an einer Gemeindeanalyse mitgewirkt hat, der ist von Beginn an in den Prozess eingebunden und somit für die sich daraus ergebenden Aufgaben der Gemeinde sensibilisiert. Und wer ein Problembewusstsein entwickelt hat, der wird höchstwahrscheinlich mit großem Interesse die weiteren Aktivitäten verfolgen und sich unter Umständen für gewisse Projekte engagieren. Daher ist bei der Planung einer Gemeindeanalyse nicht nur zu berücksichtigen, welche Informationen für eine Gemeinde hilfreich sind, sondern ebenso ist zu überlegen, welche Personen in den Prozess der Analyse eingebunden werden sollten.

Ein weiterer Nutzen einer Gemeindeanalyse ist das Signal an die Gemeindemitglieder, dass sich die Gemeinde für sie interessiert und mit ihnen rechnet. Es ist ein deutliches Zeichen, dass die Gemeinde auf die Menschen zugeht. Gleichzeitig erfahren die Verantwortlichen einer Gemeinde, wofür sie gefragt sind und was die Menschen von ihnen erwarten. Natürlich muss man nicht jede Erwartung erfüllen, aber es ist gut, solche Erwartungen zu kennen. Es ist also wichtig, die Situation der Menschen so wahrzunehmen, wie sie ist.

Bei den verschiedenen Formen der Gemeindeanalyse geht es nicht nur darum, Daten zu sammeln, sondern ebenso wichtig ist es, Beziehungen zu knüpfen und zu vertiefen. Wenn man sich also für eines der Instrumente entscheidet, drängt sich die Frage auf, wie viele und welche Daten erhoben werden sollen; eine ebenso grundlegende Frage ist, in welcher Form man eine Beziehung mit den Befragten aufnehmen und vielleicht auch pflegen möchte.

Formen einer Gemeindeanalyse

Es gibt grundsätzlich zwei Möglichkeiten, eine Gemeindeanalyse durchzuführen. Die beiden Methoden unterscheiden sich bezüglich des Aufwandes und der Zielgruppe, die in den Blick genommen wird. Für eine Analyse der Gemeinde eignen sich erfahrungsgemäß folgende Instrumente:

- eine schriftliche Befragung und
- die mündliche Befragung.

Beide Methoden haben ihre Vor- und auch Nachteile und ihr Einsatz hängt davon ab, was erreicht werden soll. Zur Klärung dieser Fragen werden die einzelnen Methoden kurz erläutert.

Die schriftliche Befragung

Eine verbreitete Form von Gemeindeanalysen ist die schriftliche Befragung mithilfe eines Fragebogens. Dabei sollte der Fragebogen einfach, verständlich und überschaubar sein. Der Vorteil von schriftlichen Fragebögen ist, dass je nach Rücklaufquote umfangreiche Daten vorliegen. Dieser Vorteil kann sich allerdings sehr leicht als ein Nachteil erweisen, denn der mit der Auswertung und der Aufbereitung von Daten verbundene Arbeitsaufwand wird oft unterschätzt.

Wie bereits erwähnt, geht es bei Befragungen nicht nur darum, möglichst viele Daten zu erheben, sondern die Gemeinde und ihre Menschen wahrzunehmen. Der Prozess der Datenerhebung ist aus diesem Grund ein wichtiger Baustein in einer Gemeindeanalyse. Dabei sollten mehrere Varianten bedacht werden:

Eine Möglichkeit ist, die Fragebögen zu verschicken oder sie von Gemeindeblattausträgern in die Briefkästen werfen zu lassen. In einem Begleitschreiben, das dem Fragebogen beiliegt, wird der Sinn der Fragebogenaktion erklärt und zugleich die Bitte angefügt, den ausgefüllten Fragebogen zurückzuschicken oder ihn im Pfarrbüro abzugeben. In dieser Variante spielt die Beziehungsaufnahme nur eine untergeordnete Rolle.

In einer anderen Variante, die sicher aufwändiger ist, übergeben Gemeindemitglieder die Fragebögen persönlich den jeweiligen Haushalten. Entweder werden die ausgefüllten Fragebögen wieder abgeholt oder sie werden an das Pfarrbüro zurückgeschickt. In diese Analyseform investieren Gemeindemitglieder wesentlich mehr Zeit, sie knüpfen aber auch Kontakte mit den Gemeindemitgliedern. Wenn in Gemeinden eine Wohnviertelstruktur vorhanden ist oder aufgebaut werden soll, empfiehlt es sich natürlich, diese Struktur zu nutzen oder die Befragung wohngebietsbezogen anzulegen. In diesem Fall werden die Fragebögen von Gemeindemitgliedern des Wohnviertels ausgehändigt.

Für die Form der schriftlichen Befragung gibt es auch die Möglichkeit, sich an die Arbeitsstelle für kirchliche Sozialforschung in Wien zu wenden. Dort kann eine Gemeindeanalyse in Auftrag gegeben werden. Die Arbeitsstelle verwendet einen Standardfragebogen und übernimmt auch die Auswertung. Wer sich für diesen Weg entscheidet, sollte Vor- und Nachteile abwägen. Der Vorteil ist, dass die Gemeinde keine Mühe mit der Entwicklung und der Auswertung von Fragebögen hat und ihr somit viel Arbeit abgenommen wird. Der Nachteil ist, dass der dort verwendete Fragebogen nicht auf die Situation in der Gemeinde zugeschnitten werden kann und dass die Gemeindemitglieder kaum in den Prozess der Analyse eingebunden sind und somit weniger Eigeninitiative in der Gemeinde wächst.

Nähere Informationen über die Durchführung erhalten Sie unter folgender Kontaktadresse: Arbeitsstelle für kirchliche Sozialforschung (AfkS), Maria-Theresien-Straße 3/24, A-1090 Wien, Tel. 0043(0)1/31338-253, Fax 0043(0)1/3176413, e-mail: afks.pastoraltheologie@univie.ac.at. Die AfkS bietet nicht nur die Auswertung der Daten an, sondern deren Mitarbeiter moderieren auch Treffen, auf denen die Daten vorgestellt und daraus Projekte für die Gemeinden entwickelt werden. Wer sich also für die schriftliche Form der Analyse entscheidet, sollte vorher sicherstellen, dass es Personen gibt, die mit diesen Daten umgehen können. Ist dies gewährleistet, können mithilfe von schriftlichen Befragungen gute Erkenntnisse gewonnen werden. Auf Seite 93–97 ist ein Beispiel für einen solchen Gemeindefragebogen abgedruckt, der teilweise an den Fragebogen der AfkS angelehnt ist. Er kann als Anregung dienen, einen für die eigene Gemeinde zugeschnittenen Fragebogen zu entwickeln.

Fragebogen zum Gemeindeleben

1. **Sie haben sicher Vorstellungen davon, was Ihre Gemeinde tun soll.**

   Bitte lesen Sie die folgenden Erwartungen durch und kreuzen Sie in der Spalte A an, wie wichtig Ihnen diese Erwartung ist.

   In der Spalte B kreuzen Sie dann bitte an, in welchem Maß die Erwartungen erfüllt werden.

A Wie wichtig sind Ihnen diese Erwartungen?				B Wie sehr erfüllt die Gemeinde Ihre Erwartungen?		
sehr wichtig	wichtig	nicht so wichtig		ganz und gar nicht	mittel	eher nicht
❍	❍	❍	Trost und Hilfe in Lebenskrisen	❍	❍	❍
❍	❍	❍	Angebote für junge Familien	❍	❍	❍
❍	❍	❍	Angebote zu persönlicher Glaubensvertiefung	❍	❍	❍
❍	❍	❍	mit anderen über den Glauben sprechen können	❍	❍	❍
❍	❍	❍	Begegnung mit anderen Gemeindemitgliedern	❍	❍	❍
❍	❍	❍	Hilfe für Schwache und Benachteiligte	❍	❍	❍
❍	❍	❍	Ökumene	❍	❍	❍

A Wie wichtig sind Ihnen diese Erwartungen?				B Wie sehr erfüllt die Gemeinde Ihre Erwartungen?		
sehr wichtig	wichtig	nicht so wichtig		ganz und gar nicht	mittel	eher nicht
❍	❍	❍	Ansprechende Gottesdienste	❍	❍	❍
❍	❍	❍	Jugendarbeit	❍	❍	❍
❍	❍	❍	Informationen darüber, was es in der Gemeinde alles gibt	❍	❍	❍
❍	❍	❍	Anschluss an das Gemeindeleben	❍	❍	❍
❍	❍	❍	möglichst viele Gemeindemitglieder sollen sich in die Gemeinde einbringen	❍	❍	❍
❍	❍	❍	Einsatz für Flüchtlinge und Ausländer	❍	❍	❍
❍	❍	❍	Angebote für Männer	❍	❍	❍
❍	❍	❍	Hilfestellung für kranke Menschen	❍	❍	❍
❍	❍	❍	Betreuung älterer Menschen	❍	❍	❍

2. **Die Gemeinde versammelt sich jeden Sonntag zum gemeinsamen Gottesdienst.**
Was wünschen Sie sich in Bezug auf diesen Gottesdienst?

❍	zeitgemäße Lieder
❍	mehr Leben im Gottesdienst
❍	Zeit zum Gebet, Meditation
❍	die Verkündigung soll lebensnaher sein
❍	regelmäßige Familiengottesdienste
❍	mehr Gemeindemitglieder sollen den Gottesdienst mitgestalten
Sonstiges	

3. **Stellen Sie sich Ihre Gemeinde in verschiedenen Kreisen vor! Ordnen Sie sich bitte persönlich in diese fünf »Kreise« ein!**

A	Der innere Kreis bedeutet, dass Sie am Leben der Gemeinde mitarbeiten und auch den Gottesdienst regelmäßig mitfeiern.
B	Der nächste Kreis heißt: Sie arbeiten nicht mit, gehen aber sonntags in die Kirche.
C	Ordnen Sie sich in den dritten Kreis ein, wenn Sie unregelmäßig zum Gottesdienst gehen, am Leben der Gemeinde interessiert sind und dann und wann teilnehmen.
D	Wenn Sie an hohen Festtagen oder zu Beerdigungen, Hochzeiten, Taufen in die Kirche gehen, dann kreuzen Sie bitte D an.
E	Wenn Sie sich keinem der anderen Felder A bis D zuordnen können, dann kreuzen Sie bitte E an.

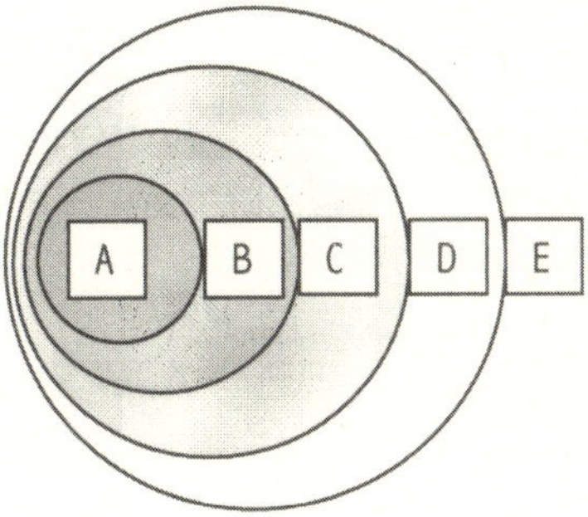

4. **Haben Sie sich in den letzten fünf Jahren der Gemeinde eher angenähert, von ihr entfernt oder ist Ihr Verhältnis gleich geblieben?**

❍	angenähert
❍	von ihr entfernt
❍	es ist gleich geblieben

5. **Welcher der folgenden Ansichten über die Kirche und ihre Pfarrgemeinden neigen Sie mehr zu?**

❍	Die Kirche ist eine Gemeinschaft, die so stark ist wie das Engagement der einzelnen Mitglieder.
❍	Die Kirche versorgt ihre Mitglieder mithilfe ihres Personals mit religiösen Dienstleistungen (Riten, Brauchtum, Religionsunterricht ....).

6. **Was macht Ihnen persönlich Sorge?**

❍	Arbeitslosigkeit	❍	Trennung
❍	Einsamkeit	❍	unheilbare Krankheit
❍	finanzielle Probleme	❍	Zukunft der Kinder
❍	Sterben/Tod		

Zum Schluss einige Angaben zu Ihrer Person

	Alter:				
❍	unter 16	❍	26–40	❍	61 und älter
❍	16–25	❍	41–60		

	Geschlecht:		Familienstand:		
❍	weiblich	❍	alleinstehend	❍	lebe mit einem Partner zusammen
❍	männlich	❍	geschieden	❍	verheiratet
		❍	verwitwet		

	Ich bin:				
❍	in der Schule	❍	im Ruhestand	❍	im Haushalt
❍	im Beruf	❍	arbeitslos		

Mündliche Befragung

Wer sich für eine mündliche Befragung entscheidet, kann nur einen kleinen Kreis von Personen befragen, dafür aber gründlicher, als dies bei schriftlichen Befragungen geschehen kann. Mündliche Befragungen eignen sich also dazu, mehr in die Tiefe zu gehen, während schriftliche Befragungen eher ein breites Feld abdecken.

Beispielsweise können verantwortliche Mitarbeiter, Gruppenleiter oder Kirchengemeinderäte mündlich befragt werden. Damit die Befragung nicht den roten Faden verliert, ist es hilfreich, zunächst einen Fragenkatalog zu erarbeiten, in dem die wichtigen Fragenbereiche aufgelistet sind. Mit einem solchen Fragenkatalog kann dann ein Gespräch geführt werden. Der Gesprächsleiter sollte darauf achten, dass alle wichtigen Fragen auch gestellt werden und somit das Gespräch alle wesentlichen Themenbereiche abdeckt.

Auswertung der Daten

Eine Gemeindeanalyse hat nur dann einen Sinn, wenn sie ein Schritt auf einem längeren Entwicklungsweg ist. Die Gemeinde muss sich also vor der Durchführung einer Gemeindeanalyse entschlossen haben, sich auf den Weg zu machen. Ist dieser Entschluss nicht gefällt worden, besteht die Gefahr, dass die erhobenen Daten als Datenfriedhöfe im Pfarrbüro enden.

Die Daten sind gesammelt worden, um einen Einblick in die Situation der Gemeinde zu bekommen und um daraus Konsequenzen abzuleiten. Darum werden die Daten, nachdem sie in einer leserlichen und übersichtlichen Form aufbereitet sind, gemeinsam gedeutet und interpretiert. Diese Deutung der Ergebnisse ist nicht mit einer nüchternen Wahlanalyse zu vergleichen, sondern dieser Prozess selbst ist ein geistlicher Vorgang, bei dem sich die Gemeinde fragt, welche Konsequenzen sich daraus für sie als eine christliche Gemeinschaft ergeben.

Dafür sollte man sich erfahrungsgemäß etwas Zeit nehmen. Nahe liegend ist beispielsweise eine Klausur des Kirchengemeinderats, auf der man die anstehenden Fragen in Ruhe besprechen kann. Es sollte auch beachtet werden, dass sich nicht nur einzelne Personen mit den Ergebnissen befassen, sondern dass ein möglichst breiter Kreis dafür verantwortlich ist.

3

Mit der Bibel die Fastenzeit gestalten

Vielen Christinnen und Christen hat das Bibel-Teilen einen neuen Weg zur Bibel, zu einem lebendigen Glauben und zur Gemeinschaft eröffnet. In vielen Gemeinden ist das Bibel-Teilen daher ein wichtiges Element auf dem Weg zu einer erneuerten Kirche. Im Bibel-Teilen steckt zugleich eine spirituelle wie eine pastorale Chance.

Die theologische Idee des Bibel-Teilens ist innerlich ruhig zu werden und auf das Wort Gottes hinzuhören. Die sieben Schritte ermöglichen in der Gegenwart des Auferstandenen zu verweilen. So wird die Verheißung »Wo zwei oder drei in meinem Namen versammelt sind, da bin ich mitten unter ihnen« erfahrbar. Menschen, die miteinander die Bibel lesen, machen immer wieder dieselbe Erfahrung: Das offene Gespräch über den Glauben ist für sie eine Bereicherung, sie setzen sich intensiver mit ihrem Glauben auseinander und die Erfahrung in der Gruppe ermutigt sie auf ihrem Glaubensweg.

Das Bibel-Teilen lebt davon, dass sich eine Gruppe dazu entscheidet, sich für eine gewisse Zeit regelmäßig zu treffen. Erfahrungsgemäß sind jedoch regelmäßige Treffen für Gemeindemitglieder nicht immer möglich. Dagegen nehmen sie zu geprägten Zeiten, wie es beispielsweise die Fastenzeit ist, alltagsbegleitende Angebote gerne an. Das Projekt »Bibel-Teilen in der Fastenzeit« hat wahrscheinlich aus diesen Gründen einen breiten Zuspruch. Gemeindemitglieder treffen sich während der Fastenzeit in kleinen Gruppen, um miteinander die Bibel zu teilen. Der überschaubare Zeitrahmen und die

Vorbereitungszeit auf Ostern erleichtert vielen den Einstieg in eine Bibel-Teilen-Gruppe.

Bewährt hat sich, dass sich die Teilnehmer nicht in den Gemeinderäumen, sondern privat in ihren Häusern und Wohnungen treffen. Der Text, der in den Zusammenkünften gemeinsam gelesen wird, ist das Evangelium des darauf folgenden Sonntages. Somit sind die Treffen in die Dynamik des Kirchenjahres eingebunden; ein weiterer Effekt ist, dass so manche Bibel-Teilen-Gruppe die kommende Sonntagspredigt mit Spannung erwartet.

Anregungen zur Vorbereitung und Durchführung

Aus den Erfahrungen mit den Bibel-Teilen-Gruppen in der Fastenzeit lassen sich einige Hinweise zusammenstellen, die eine Anregung sein können:

- Erfahrungsgemäß ist es sinnvoll, dass eine Person die Bibel-Teilen-Gruppe leitet. Daher sollten in der Gemeinde einige Personen da sein, die solche Gruppen begleiten können. Die infrage kommenden Personen können in einem Treffen auf ihre Aufgabe vorbereitet werden. Bewährt hat sich hierbei, einen Text gemeinsam nach der Methode des Bibel-Teilens zu lesen und vertiefend dazu diese Methode zu erläutern.
- Um für die Gemeindemitglieder zur Teilnahme einzuladen, bieten sich vor allem die Gottesdienste an. Die Bibel-Teilen-Gruppen können sich auf die unterschiedlichste Weise finden. So können die Namen der Gruppenleiter bekannt gegeben werden, sodass sich die Gemeindemitglieder entweder aufgrund der Wohnortnähe oder der Sympathie einem Gruppenleiter zuordnen können. Oder die Gruppenleiter können selbst aktiv Gemeindemitglieder ansprechen und so für die Teilnahme werben. Es können sich aber auch bereits bestehende Gruppen für eine Teilnahme entscheiden.

- Bereichernd für den Sonntagsgottesdienst ist, wenn einzelne Bibel-Teilen-Gruppen etwas aus ihren Gruppengesprächen in den Sonntagsgottesdienst einbringen. Das können Gedanken zur Bibelstelle oder Fürbitten sein.
- Hilfreich und interessant ist es für die Gruppenbegleiter, wenn sie sich zu einem Erfahrungsaustausch treffen. Dies sollte spätestens am Ende der Fastenzeit geschehen.

Diese Gruppen müssen nicht immer mit der Bibel-Teilen-Methode in sieben Schritten arbeiten. Ebenso bietet sich die Methode Bibel-Teilen als Lebensspiegel an. Wer gern auf ausgearbeitete Materialien zurückgreifen möchte, die sich an einer der beiden genannten Methoden ausrichten und den Gruppenbegleitern konkrete Hinweise zur Durchführung der Treffen geben und zusätzlich vertiefende Informationen zu den Bibelstellen enthalten, kann sich an die unten stehende Adresse wenden. Dort werden jedes Jahr solche Materialien erstellt, die gern an Interessenten weitergereicht werden. Darüber hinaus enthalten die genannten Materialien tägliche Impulse für die Gruppenteilnehmer, die zu einer persönlichen Lebensbetrachtung während der Fastenzeit einladen.

Da der Zeitrahmen überschaubar ist, lassen sich meistens Gemeindemitglieder finden, die sich auf dieses Projekt einlassen. Manche Gruppen treffen sich auch noch nach Ablauf der Fastenzeit, allerdings in größeren Abständen.

Auskunft und Kontakt

Bischöfliches Ordinariat der Diözese Rottenburg-Stuttgart, Hauptabteilung IVa, Pastorale Planung, Referat für Gemeindepastoral, Postfach 9, 72101 Rottenburg, Tel. 07472/169-428, Fax 07472/169-570, e-mail: Gwagner@bo.drs.de

Ein Seminar: »An den Reichtümern Gottes teilhaben«

4

Das Reich Gottes ist nicht nur ein kommendes Ereignis, sondern wir glauben, dass es schon mitten unter uns angebrochen ist. Allerdings holt der Alltag diese Aussage nicht immer ein. Vielleicht liegt dies daran, dass der Blick für das, wo Gott in unserem Leben schon immer wirkt, zu kurz kommt. Welche Erfahrungen, so können wir weiter fragen, sind es denn, die Christen vom bereits angebrochenen Reich Gottes reden lassen?[19]

Das Seminar »An den Reichtümern Gottes teilhaben« greift diese Frage auf. Die Teilnehmer werden ermuntert, den persönlichen Erfahrungen mit den lebensbereichernden Möglichkeiten des Glaubens und einer Glaubensgemeinschaft nachzugehen. Darüber hinaus geht es darum, dass eine Gemeinde zunehmend ihren Auftrag erkennt, die Reichtümer Gottes den Menschen als Lebenshilfe zugänglich zu machen.

In diesem Sinne greift das Seminar vor allen Dingen die zweite pastorale Leitlinie auf, in der es darum geht, das Evangelium in das eigene Leben hineinzulesen (vgl. S. 34). In praktischen Übungen und mit erläuternden Verständnishilfen soll die Realität des Reiches Gottes als eine wichtige Dimension der persönlichen und der gemeindlichen Entwicklung ins Spiel gebracht werden.

Themen und Inhalt

Das Seminar ist vor allem für jene gedacht, die ihre im Seminar gesammelten Erfahrungen in die Gemeinde einbringen möchten. Es eignet sich aber auch für Menschen, die auf der Suche nach Lebenserfahrungen im Glauben sind. Das Seminar erstreckt sich über fünf Abende und hat folgende Themenschwerpunkte zum Inhalt:

Wir leben als Christen von den Reichtümern Gottes

Wer glaubt und sich am Geist des Evangeliums orientiert, kann in der Lebenslogik Gottes einen beträchtlichen Mehrwert für sein Leben entdecken. In den Übungen dieses Abends können die Teilnehmerinnen und Teilnehmer miteinander entdecken, worin dieser Mehrwert des Glaubens und der Gemeinschaft von Christen besteht.

Wir leben als Christen vom Erzählen der Heilstaten Gottes

Leben können wir nur vorwärts; das Leben verstehen, kann man nur im Rückblick. Gerade deshalb ist es wichtig, gelebtes Leben im Glauben zu erinnern und einander zu erzählen. Die praktischen Übungen dieses Treffens helfen, die Erzählkultur unter den Christen zu pflegen. Dazu dienen sowohl die Erzählungen biblischer Geschichten als auch die Erzählung biografischer Erfahrungen.

Wir leben als Christen von der liebenden Zuwendung Gottes in der zwischenmenschlichen Begegnung

Die liebende Zuwendung Gottes wird insbesondere in ganz konkreten, lebensbereichernden Zuwendungen durch Mitmenschen erfahren. Im Mittelpunkt dieser Zusammenkunft stehen Übungen zur Erinnerung solcher Erfahrungen und zur Praxis solcher Zuwendung innerhalb der Gruppe.

Wir leben als Christen von der Versöhnung mit uns selbst, mit den Mitmenschen und mit Gott

Gewollt oder ungewollt fügen wir uns selbst und anderen im Alltag Abwertungen und Verletzungen zu, die zunehmend zu einer Entfremdung von den gottgewollten Lebensmöglichkeiten führen. Gott will, dass wir Leben in Fülle haben. Die Zusammenkunft ist darauf ausgerichtet, diesen Entfremdungsprozess und die befreiende Kraft der Versöhnung bewusst zu machen. Dazu dienen sowohl Erinnerungen an erfahrene Versöhnung als auch die Einübung in konkrete Versöhnungsschritte.

Wir leben als Christen von der Feier des im Glauben gedeuteten Lebens

Eine natürliche Energiezufuhr können Christen für ihre Lebenspraxis durch den Dreischritt Leben – Deuten – Feiern bekommen. Deshalb kommt der Entwicklung einer persönlichen und gemeinschaftlichen Feierkultur eine große Bedeutung zu. Dieses abschließende Treffen hat zwei Schwerpunkte: die Erweiterung der zeichenhaft-symbolischen Kompetenz für das persönliche und gemeinschaftliche Feiern und die Auswertung und das Feiern dessen, was im Seminar möglich geworden ist.

Durchführung

Hat sich eine Gemeinde für die Durchführung dieses Seminars entschieden, ist der nächste Schritt, Personen aus der Gemeinde dafür zu gewinnen. Soll das Seminar in einem größeren Rahmen durchgeführt werden, müssen darüber hinaus geeignete Personen gefunden werden, die die Aufgabe der Moderation solcher Gruppen übernehmen können. Diese Moderatoren sollten in einem Treffen auf ihre Aufgabe vorbereitet werden.

Für die Teilnehmer gibt es einen Einführungsabend. Dabei geht es um das gegenseitige Kennenlernen in der Kursgruppe, um die Einführung in das Thema und in die Arbeitsweise und nach Bedarf um die Einteilung in kleine Gruppen. Das Seminar erstreckt sich über fünf Wochen in konstanten Gruppen, die sich wöchentlich zu vereinbarten Zeiten entweder in den Räumen der Gemeinde oder bei den Teilnehmern zu Hause treffen.

Jedes Wochenthema wird nach dem bekannten Dreischritt bearbeitet: *Sehen* (wahrnehmen der jeweiligen Reich-Gottes-Dimension im Alltag bzw. in der Lebensgeschichte), *Urteilen* (Austausch und Reflexion der Erfahrungen im Horizont der Heiligen Schrift) und *Handeln* (Planung und Realisierung eines konkreten Vorhabens im Sinne der Reich-Gottes-Praxis).

Das sieht beispielsweise beim vierten Wochenthema, bei dem es um Versöhnung geht, folgendermaßen aus: Es werden gelungene und weniger gelungene Erfahrungen mit Versöhnung erinnert und reflektiert (Sehen). Biblische Perspektiven zur versöhnenden Lebenslogik Gottes werden bedacht und erprobt (Urteilen). Schließlich sollen auf dieser Grundlage konkrete Schritte zur Erprobung von Versöhnungsprozessen im alltäglichen Beziehungsfeld geplant und vollzogen werden (Handeln). Am Schluss des Seminars könnte es ein Fest in der Gesamtgruppe geben.

Für die Einführung in das Seminar sowie für die Vorbereitung und Begleitung der Gruppenleiter kann es hilfreich sein, erfahrene Personen von außen zu holen, die sich auf dem Gebiet der Glaubensvertiefung und der Gemeindeerneuerung auskennen. Dafür geeignete Personen können bei den unten genannten Adressen angefragt werden. Dort kann auch ein Leitfaden für das Seminar angefordert werden; dieser enthält eine ausführliche Beschreibung dieses Ansatzes zur Glaubensvertiefung. Dazu gehört eine theologisch-pastorale Einführung in das Reich-Gottes-Thema, eine Einleitung in die Einzelthemen des Seminars, eine praktische Anleitung zu den Arbeitsschritten und Übungen der Treffen sowie Informationen über weiterführende Hilfen. Der Leitfaden ist für die Verantwortlichen in den Gemeinden gedacht, die das Seminar tragen und begleiten.

Auskunft und Kontakt

- Bischöfliches Ordinariat der Diözese Rottenburg-Stuttgart, Hauptabteilung IVa, Pastorale Konzeption, Referat für Gemeindepastoral, Postfach 9, 72101 Rottenburg, Tel. 07472/169-428, Fax 07472/169-570, e-mail: Gwagner@bo.drs.de
- Institut für Fort- und Weiterbildung, Postfach 9, 72101 Rottenburg, Tel. 07472/922-158, Fax 07472/922-165, e-mail: Cbundschuh@bo.drs.de

Das Pastoralseminar

5

Das Pastoralseminar geht auf eine Initiative der österreichischen Pastoral- und Seelsorgeamtsleiter von 1989 zurück, die eine pastorale Befähigung für Kirchengemeinderäte und ehrenamtliche Mitarbeiterinnen und Mitarbeiter anbieten wollten. Aus dieser Initiative ist das Pastoralseminar entstanden, das Menschen helfen möchte, ihre Kompetenz und ihre Eigenverantwortlichkeit im Glauben wahrzunehmen und zu fördern.[20]

Das Pastoralseminar fördert die Entwicklung von Gemeinden, indem es Menschen hilft, ihre Berufung als Glieder der Kirche zu entdecken und anzunehmen und zugleich deren Bewusstsein für die Verantwortung im Leben ihrer Pfarrgemeinde stärkt. Um dieses Ziel zu erreichen, setzt das Seminar zunächst bei der einzelnen Person an, wobei es den Teilnehmern die Möglichkeit eröffnet, ihrer eigenen Berufung nachzugehen. Um den Blick für die Gemeinde zu weiten, gibt es ebenfalls Impulse zur Entwicklung von Gemeinden und zur Entfaltung der pastoralen und kommunikativen Kompetenz.

Das Seminar besteht aus mehreren Einheiten und erstreckt sich gewöhnlich über ein Jahr. Die inhaltlichen Schwerpunkte des Pastoralseminars gliedern sich folgendermaßen:

Meine Lebens- und Glaubensgeschichte

Die Teilnehmer haben die Möglichkeit ihre eigene Lebens- und Glaubensgeschichte zu reflektieren. Dazu erzählen sie einander ihre Glaubensgeschichten und auf diese Weise wandelt sich die Gruppe zu einer Erzählgemeinschaft.

Gottesbilder – Menschenbilder

Aussagen über Gott und die Vorstellung über den Menschen hängen eng zusammen. Gottesbilder wirken sich auf den Glauben aus: Gott kann heilen, Ängste nehmen, aus Egoismen befreien, zur Solidarität und Gerechtigkeit aufrufen oder er kann als jemand empfunden werden, der die Menschen knechtet und ihnen die Lebensfreude nimmt. Die Dynamik der eigenen Gottesvorstellung wird im Pastoralseminar erhellt.

Die Zeichen der Zeit

Das Wissen um die Gefährdung und die Krisen in der Welt wächst. Die Teilnehmer des Pastoralseminars deuten die Welt im Licht des Evangeliums und überlegen, wie sie in den Gemeinden auf die Herausforderungen der Zeit antworten können.

Kirche und Gemeinde – Orte des Lebens

Das Kirchenverständnis des Zweiten Vatikanischen Konzils ist die Grundlage, auf der das Pastoralseminar arbeitet.

Kommunikative Fähigkeiten in der Gemeinde

Wer in der Gemeinde zusammenarbeiten möchte, sollte mit anderen kommunizieren können. Daher beschäftigen sich die Teilnehmer mit den Fragen: Wie reden wir miteinander? Wie arbeiten wir in den Gremien? Wie und wo findet unser Empfinden einen zeitgemäßen Ausdruck?

Unsere Begabungen bei mir und bei anderen – entdecken und entfalten

Das Mittun erwächst aus der ureigenen, von Gott geschenkten Begabung. Das Pastoralseminar versteht sich nicht als ein kognitiver, sondern als ein mystagogischer Vorgang, der sich auf die Erfahrungen der Menschen einlässt.

Zur pastoralen Praxis der Pfarrgemeinde

Die Teilnehmer werden angeregt, die konkrete Gemeindepraxis zu reflektieren und auch zu verändern, indem sie Erkenntnisse aus dem Seminar praktisch umsetzen und einüben.

Die Durchsicht der Themenschwerpunkte verdeutlicht, dass das Pastoralseminar sowohl eine Vertiefung der persönlichen Beziehung zu Gott anstrebt als auch die pastorale Praxis in den Gemeinden anregen möchte. Das Seminar wird normalerweise von zwei Personen begleitet.

Insgesamt besteht das Seminar aus 35 bis 40 Einheiten zu je anderthalb Stunden. Die zeitliche Planung des Seminars und die Abstimmung der einzelnen Themen geschieht in enger Absprache mit den Teilnehmern und den Verantwortlichen. Ebenso richtet sich die Durchführung des Seminars nach den Möglichkeiten und Wünschen der Teilnehmer. Es können beispielsweise halbtägige oder ganztägige Einheiten sein, bei bestimmten Fragestellungen bietet sich auch ein Wochenende an. Die genaue Planung richtet sich nach den Erfordernissen in den jeweiligen Gemeinden.

Das Seminar wird in der Regel für Teilnehmer aus einer Gemeinde durchgeführt. Es ist aber auch möglich, dass sich die Gemeinden eines Pfarrverbandes oder eines Dekanats zu einer gemeinsamen Teilnahme entschließen. Auch diese Fragen werden situationsabhängig mit den Mentoren geklärt. Für die Teilnehmer eines Pastoralseminars besteht die besondere Herausforderung darin, ihre dort gesammelten Erfahrungen fruchtbar in die eigene Gemeinde einbringen zu können. Je mehr Personen aus einer Gemeinde teilnehmen, desto eher können sie sich zu Weggefährten in einem Entwicklungsprozess zusammenschließen. Daher ist es wünschenswert, dass mehrere Personen aus einer Gemeinde an einem Seminar teilnehmen. Wer sich für das Pastoralseminar interessiert, kann sich unter folgenden Adressen kundig machen:

Auskunft und Kontakt

- Pastoralseminar-Österreich-Stelle, Ernst-Grein-Str. 14, A-5026 Salzburg, Tel. 0043(0)662/65901-537, Fax 0043(0)662/65901-509, e-mail: Sebastian.schneider@kirchen.net

- Seelsorgeamt der Erzdiözese Salzburg, Kapitelplatz 2, A-5020 Salzburg, Tel: 0043(0)662/8047-162 und alle Pastoral- und Seelsorgeämter der österreichischen Diözesen.

6 Gemeindeberatung

Die Aufgabe von Gemeindeberatern ist Veränderungsprozesse in Gemeinden kompetent und wirksam zu begleiten. Gemeindeberater kommen von außen hinzu. Sie bringen keine fertigen Lösungen mit, die den Gemeinden übergestülpt werden, sondern sie sind Wegbegleiter, die gemeinsam mit den Betroffenen Lösungen erarbeiten.

Die Gemeindeberatung ist noch eine vergleichsweise junge Disziplin. Dennoch existieren zwischenzeitlich in fast allen Diözesen Gemeindeberater, die den Gemeinden zur Verfügung stehen. Obwohl es sie noch nicht allzu lange gibt, haben sich schon Themenbereiche herauskristallisiert, deretwegen Gemeindeberater gerne in Anspruch genommen werden.

Veränderungsprozesse begleiten

In Gemeinden, die sich in Veränderungsprozessen befinden, stehen viele Fragen an: Was sind unsere Arbeitsschwerpunkte? Wie finden wir gemeinsame Ziele? Wo stehen wir jetzt und wie geht es in unserer Gemeinde weiter? Diese Fragen bekommen auch durch die Gründung der Seelsorgeeinheiten eine aktuelle Brisanz.

Formen der Kooperation und der Arbeitsorganisation

In den Gemeinden kommt die Alleinzuständigkeit einer Person immer deutlicher an ihre Grenzen. Daher werden Formen der Kooperation wichtig, die die Gemeindemitglieder mit ihren Begabungen ins Spiel bringen. Damit verändert sich die Rolle der Leitungsverantwortlichen.

Konflikte

In veränderungsreichen Zeiten entstehen vermehrt Konflikte. Diese Konflikte können vermutlich nicht verhindert werden, denn sie sind ein Ausdruck davon, dass sich Gemeinden verändern oder mindestens verändern möchten. So anstrengend und zumeist unangenehm Konflikte für die Betroffenen sind, steckt in ihnen doch ein kreatives Potenzial. Diese Möglichkeiten können aber nur fruchtbringend für die Gemeinde genutzt werden, wenn die Konflikte konstruktiv ausgetragen werden. In diesen Situationen sind neutrale Begleiter, die von außerhalb kommen und im Umgang mit Konflikten Erfahrungen haben, sehr hilfreich.

Vakanzen

Wenn Gemeinden vor oder in Vakanzen stehen, sind sie unfreiwillig enorm herausgefordert. Die Erfahrung zeigt, dass etliche Gemeinden diese Herausforderung nutzen, um zukunftsweisende Entwicklungen in Gang zu bringen, von denen sie profitieren können. Die Option, dass die Gemeinde Trägerin der Seelsorge ist, kann in solchen Zeiten Wirklichkeit werden.

Gemeindeberatung kann auch als Organisationsberatung in der Kirche verstanden werden. Betrachtet man die gegenwärtige Situation in den Gemeinden, kann man vermuten, dass der Beratungsbedarf steigen wird. Die meisten Diözesen haben auf diese Entwicklung reagiert, indem sie Gemeindeberater ausgebildet haben. Natürlich ist die Gemeindeberatung kein Allheilmittel, das in allen Situationen helfen kann.

Auskunft und Kontakt

Wer sich für eine Gemeindeberatung interessiert, kann sich an das entsprechende Referat in seiner Diözese wenden. Es empfiehlt sich mit den zuständigen Stellen abzuklären, ob und in welcher Form eine Gemeindeberatung im jeweiligen Fall sinnvoll ist.

7

Aufbruchswillige brauchen Weggefährten

Wer aufbricht, braucht Weggefährten. Zweifellos haben sich zwischenzeitlich viele Frauen und Männer über die weitere Entwicklung ihrer Gemeinde Gedanken und auch Sorgen gemacht. Damit Aufbruchswillige mit ihren Fragen und Ideen nicht allein bleiben, ist es wichtig, dass sie sich gegenseitig inspirieren und ermutigen.

Denn wer sich auf den Weg einer lebendigen Entwicklung einlässt, erfährt Unterschiedliches: Zum einen die Kraft, die einer solchen Entwicklung innewohnt, und die Lebendigkeit, die sich in der Spiritualität einer Weggemeinschaft ausdrückt. Allein diese Erfahrungen sind wichtige Meilensteine in der Gemeindewerdung. Aber es gibt auch die andere Seite: Nicht alle Mühen haben Erfolg und statt des erhofften Beistands erntet man Widerstand. Es ist daher wichtig, sich zu vergegenwärtigen, dass Veränderungen nicht über Nacht geschehen, so sehr man sich dies auch manchmal wünscht. Vielmehr braucht die Gestaltung von Entwicklungen mitunter einen langen Atem und viel Geduld.

Reformprozesse bedürfen ebenso einer spirituellen Grundhaltung; das gilt für einzelne Personen wie für den gesamten Entwicklungsweg. Denn alle Bemühungen um Reformen, egal ob in der Kirche oder in anderen Organisationen, scheitern, wenn ihnen keine lebensfördernde Haltung zugrunde liegt. Daher müssen jene Menschen, die Reformen anstreben, sich selbst vom Geist des Evangeliums leiten lassen. In scheinbar festgefahrenen Situationen oder in Konflikten erweist sich immer neu, dass die versöhnende und befreiende Kraft des Evangeliums den Blick für neue Lösungen weitet. Wer in die Spiritualität der Nachfolge Jesu eintaucht, der kann an den kritischen Eckpunkten eines Entwicklungsweges jene Akzente setzen, die den entscheidenden Schritt weiterhelfen.

Was für die Geisteshaltung einzelner Menschen zutrifft, gilt auch für einen Reformprozess als Ganzes. Reformen sind nicht um ihrer selbst willen da, sondern sie stehen im Dienst einer Gemeinschaft. Daher ist es wichtig, den Blick für das Ganze nicht zu verlieren. Sollen Reformen gelingen, muss man sich immer wieder bemühen, das Gespräch mit den unterschiedlichen Beteiligten und deren Meinungen zu suchen. Ein Reformprozess manövriert sich selbst in eine Sackgasse, wenn dieser Anspruch aufgegeben wird. Wer in den linken oder den rechten Straßengraben fährt, wird den Weg nicht mehr mitgestalten können.

Zugleich brauchen Entwicklungen klare Optionen. Hat man beispielsweise die Option getroffen, dass die Gemeinde Trägerin der Seelsorge sein soll, hat dies Konsequenzen. Ist man nicht bereit, Optionen zu treffen und deren Konsequenzen zu tragen, verwässern sich Entwicklungswege und am Ende weiß niemand mehr so richtig, wozu denn alles gut sein soll.

Weggemeinschaften können sich auf unterschiedliche Weise bilden und gegenseitig inspirieren: Auf Gemeindeebene durch die Gründung einer Entwicklungsgruppe oder durch den intensiven Gedankenaustausch der Kirchengemeinderäte auf einer Klausur, durch eine Weggemeinschaft der Gemeinden innerhalb eines Dekanats oder in Form eines Gemeindeforums. Diese Möglichkeiten sollen hier kurz besprochen werden.

Bildung einer Entwicklungsgruppe

Die Entwicklung einer Gemeinde ist immer ein kleines Wagnis. Alle, die daran mitwirken, verändern sich auf diesem Weg. Das ist gut so, denn nur im offenen Austausch mit anderen Menschen gedeihen und reifen Ideen. Daher sollen Entwicklungen keine Alleingänge einzelner Gemeindemitglieder oder Leitungsverantwortlicher sein, sondern das Ergebnis eines kreativen Zusammenspiels möglichst vieler in einer Weggemeinschaft.

Das Bild vom wandernden Volk Gottes – eines der zentralen Begriffe des Zweiten Vatikanischen Konzils, mit dem die Kirche beschrieben wurde – greift den Gedanken einer Weggemeinschaft auf. Dieses anschauliche und vielsagende Bild ist nicht nur eine Vision, sondern dahinter steht die Erfahrung des biblischen Volkes, die es mit seinem Gott gemacht hat. Wer also die Entwicklung von Gemeinden wünscht, sollte die Weggemeinschaft mit anderen suchen, damit im Gehen schon das Ziel erfahrbar wird.

Was kann das Ziel einer Entwicklungsgruppe sein? Sie kann sich darüber Gedanken machen, welcher Entwicklungsweg für die Gemeinde am besten geeignet ist. Falls noch kein Bewusstsein für derartige Fragen gewachsen ist, lockert sie den Boden, damit die neuen Ideen Wurzeln schlagen können.

Wie kann die konkrete Arbeit aussehen? Wichtig ist zunächst, sich über mögliche Entwicklungswege kundig zu machen. Dazu kann schriftliches Material über Projekte angefordert werden oder Personen aus anderen Gemeinden berichten über ihre Erfahrungen. Somit leistet die Entwicklungsgruppe wichtige Vorarbeit für anstehende Entscheidungen.

Zeichnet sich für die Gruppe irgendwann eine Richtung oder schon ein konkreter Weg ab, ist es notwendig, den Kontakt zu den Entscheidungsträgern zu suchen, damit sich die verantwortlichen Gremien mit diesen Fragen auseinander setzen. Die Gruppe kann zum Anwalt für die weitere Entwicklung werden.

Wenn die Zeit reif ist, kann der Kirchengemeinderat zu diesem Thema in Klausur gehen.

Klausuren des Kirchen-/Pfarrgemeinderates

Der Kirchengemeinderat ist das gewählte Gremium einer Kirchengemeinde, das seinen Teil der Verantwortung für die Leitung der Gemeinde trägt. Leitung wahrnehmen heißt nicht nur administrative Angelegenheiten zu regeln, leiten heißt vielmehr für die Weiterentwicklung der Gemeinde verpflichtet zu sein. Das bedeutet, Perspektiven für die Zukunft zu entwickeln, Schwerpunkte für die Arbeit im kommenden Jahr zu setzen und konkrete Projekte in Angriff zu nehmen – oder noch einmal allgemein formuliert: Sorge dafür zu tragen, dass der Visionsvorrat in der Gemeinde nicht ausgeht.

Um dieser wichtigen Aufgabe als Gemeindevertreter nachkommen zu können, hat es sich in vielen Gemeinden bestens bewährt, sich außerhalb der laufenden Arbeit zu treffen, um in Klausur zu gehen. Klausur meint in diesem Zusammenhang, sich beispielsweise für ein Wochenende in ein Bildungshaus zurückzuziehen, um sich ausschließlich für die Frage Zeit zu nehmen, wie die Zukunft der Gemeinde aussehen kann. Um solche Treffen fruchtbar gestalten zu können, ist es erfahrungsgemäß hilfreich, einen Moderator, der nicht zur Gemeinde gehört, zu bitten, das Wochenende zu begleiten. In den meisten Diözesen stehen für solche Anfragen Moderatoren zur Verfügung.

Dekanatstage

Für viele Gemeindemitglieder ist das Dekanat, zu dem ihre Gemeinde gehört, eher ein abstrakter Raumbegriff als eine greifbare pastorale Größe. Nur in wenigen Dekanaten gibt es einen regen Austausch zwischen den Gemeinden. Hinzu kommt, dass sich viele Hauptamtliche mit den Konferenzen auf Dekanatsebene schwer tun.

Trotz dieser Bedenken, die man gegen ein Dekanat als eine pastorale Einheit einwenden kann, bietet ein Dekanat aufgrund seiner überschaubaren Größe und regionalen Zusammengehörigkeit die Möglichkeit zu einem fruchtbaren Gedankenaustausch. Dafür sprechen nicht nur die ohnehin schon vorhandene Infrastruktur eines Dekanats, sondern ebenso die oft ähnlichen Aufgaben und Herausforderungen innerhalb eines Dekanats. Eine Kooperation bei bestimmten Themen und Aufgaben liegt hier nahe.

Eine Möglichkeit des Austausches, die in immer mehr Dekanaten aufgegriffen wird, ist die Durchführung so genannter Dekanatstage. Sie bieten die Möglichkeit, sich über wichtige pastorale Themen auszutauschen, Weggefährten kennen zu lernen, gemeinsam nach Lösungen zu suchen und vielleicht sogar bei gewissen Themen und Aufgaben zusammenzuarbeiten.

Dekanatstage leben von dem, was die Menschen mitbringen. Es ist wie in dem Gleichnis der Brotvermehrung: Nachdem Jesus sieht, dass das vorhandene Brot nicht alle Anwesenden sättigen kann, fordert er die Menschen auf, zunächst einmal nachzuschauen, was sie bei sich haben. Und das, was die Menschen bei sich finden, reicht für alle im Überfluss. So ist es auch bei der Gestaltung von Dekanatstagen. Es kommt nicht darauf an, wohlklingende Namen auf der Referentenliste aufweisen zu können – wenngleich ein gutes Referat wertvolle Impulse liefern kann –, es kommt vor allem darauf an, dass die Gemeindemitglieder ihre Gemeindewirklichkeit anschauen können, sie ins Gespräch einbringen, um sie dann mit biblischen Texten in Verbindung zu setzen. Eine gemeinsame gottesdienstliche Feier, die das Geschehen des Treffens aufgreift, bringt das Erlebte vor Gott. Diese Vorgehensweise traut der Dynamik des Geistes und der Menschen.

Oft wird der Fehler gemacht, dass gerade dieser Dynamik des wandernden Gottesvolkes misstraut wird und durch zu viele Referate Bewegung verhindert wird. Natürlich müssen solche Treffen gut vorbereitet sein, das ist keine Frage. Entscheidend aber ist, dass die Anwesenden die Spieler sind und nicht die Zuschauer. Der folgende Ablauf eines Dekanatstages kann Ihnen als Anregung dienen:

8.30 Uhr	Anreise und Beginn mit einem Stehkaffee
9.00 Uhr	Eröffnung in der Kirche
9.45 Uhr	Situationsanalyse in Gruppe mit vorbereiteten Fragen: • Sind unsere Gemeinden Gemeinschaften? • Welchen Stellenwert hat das Evangelium? • Ist unsere Gemeinde Trägerin der Seelsorge? • Das Reich Gottes ist mitten unter uns. Handeln wir danach? • Leben wir im Geist der Geschwisterlichkeit?
11.30 Uhr	Austausch über die Gruppen
12.00 Uhr	Schriftimpuls (Brotvermehrung)
12.30 Uhr	Gemeinsames Mittagessen
14.00 Uhr	Impulsreferat zu pastoralen Perspektiven
14.45 Uhr	Kaffeepause
15.15 Uhr	Wie geht es weiter? In Gruppen wird über das weitere Vorgehen in den Gemeinden nachgedacht
17.00 Uhr	Gottesdienst

Gemeindeforen

Gemeindeforen bieten die Möglichkeit, über die Dekanatsgrenze hinaus mit Gemeindemitgliedern in einen Austausch zu treten. Solche Treffen sind nicht neu: Die Konzilien und Synoden in der Kirche sind nichts anderes.

Um in der pastoralen Arbeit voranzukommen, hat in jüngster Zeit die Kirche in Lateinamerika solche Foren in beeindruckender Weise für einen intensiven und lebendigen Austausch genutzt. Gemeint sind hier die regelmäßig stattfindenden Basisgemeindetreffen, an denen Menschen unterschiedlicher Gemeinden teilnehmen, um über pastorale Fragen nachzudenken.

»Forum« bedeutet in seinem ursprünglichen Wortsinn »Marktplatz«. Ein Marktplatz ist seit jeher der Ort, auf dem sich Menschen treffen, um Waren und Informationen auszutauschen. Entsprechend könnte man von Gemeindeforen sagen, dass sie die Möglichkeit bieten, sich mit Vertretern anderer Gemeinden zu treffen, sich gegenseitig anzuregen, sich zu bestärken und gemeinsam zu feiern.[21]

Solche Treffen gründen in einer spirituellen Tiefe. Sie sind nicht mit Modemessen zu vergleichen, auf denen der neueste Trend vorgestellt und das eingekauft wird, was einem gefällt. Nein, Gemeindeforen sind Ausdruck einer lebendigen Suche und Weggemeinschaft. Sie sind wie kleine Pfingstereignisse, die die Menschen auf ihrer Suche und auf ihrem Weg bestärken und vielleicht auch korrigieren. Auf diesen Treffen ist etwas von dem Wehen des Heiligen Geistes zu spüren, der seiner Kirche den Beistand zugesagt hat.

8

Bildung von Seelsorgeeinheiten

Die Bildung der so genannten Seelsorgeeinheiten ist derzeit ein viel diskutiertes, vielleicht sogar das beherrschende Thema in den Gemeinden. Dies ist verständlich, wenn man bedenkt, welche tief greifende Strukturreform mit der Gründung von Seelsorgeeinheiten verbunden ist.[21]

Damit keine begriffliche Verwirrung entsteht, sollte zunächst geklärt werden, was mit dem Begriff Seelsorgeeinheit gemeint ist: Unter Seelsorgeeinheit wird eine Kooperationseinheit mehrerer Gemeinden verstanden, für die jeweils ein Pfarrer als Leiter zusammen mit einem Team hauptamtlicher Kräfte zuständig ist.

Auf den ersten Blick erscheint die Bildung der Seelsorgeeinheiten als eine Strukturreform, denn die Seelsorgeeinheiten greifen tief in das bisherige Gefüge einer Gemeinde ein. Dennoch geht es nicht nur um Strukturfragen, sondern die Grundfragen des Gemeindelebens stehen zur Disposition. In dem gesamten Prozess zur Bildung von Seelsorgeeinheiten liegen Chancen und lauern Gefahren. Wenn die Seelsorgeeinheiten unumgänglich sind, kommt es darauf an, die Chancen zur Entwicklung von Gemeinden zu nutzen und die Gefahren und Versuchungen, die damit verbunden sind, zu kennen, um ihnen nicht zu erliegen.

Chancen und Herausforderungen

Die größte Herausforderung besteht sicherlich darin, noch konsequenter als bisher kirchliches Handeln auf eine möglichst breite Basis zu stellen. Wenn bislang eine Gemeinde noch die Vorstellung hatte, sie sollte gut versorgt werden, ist spätestens bei der Gründung von Seelsorgeeinheiten dem Perspektivenwechsel von einer Kirche für das Volk zu einer Kirche des Volkes, von einer versorgten zu einer mitsorgenden Gemeinde konkrete Gestalt zu geben. Die Chance bei der Bildung von Seelsorgeeinheiten kann darin liegen, dass die Gemeinden an Mündigkeit und Lebendigkeit, an Glaubwürdigkeit und Ausstrahlung gewinnen.

Dieser Perspektivenwechsel kann nur gelingen, wenn ihn auch und vor allem die hauptberuflichen pastoralen Dienste in ihrem Rollenverständnis vollziehen. Denn die entscheidende Frage lautet nicht, wie die Gemeinde dem Pfarrer helfen kann, Seelsorge zu betreiben, sondern sie heißt: Wie helfen die hauptberuflichen Dienste den Gemeinden ihren ureigensten Auftrag wahrzunehmen, Trägerin der Seelsorge zu sein?

So wichtig es ist, dass sich überschaubare Gemeinschaften bilden können, die eine persönliche Begegnung ermöglichen, so richtig ist es auch, dass in größeren Kooperationsverbünden Gemeinden sich gegenseitig unterstützen können. Insbesondere kleinere Gemeinden haben nicht immer die Möglichkeiten, ein breit gefächertes Angebot zu machen. Von den vereinten und gebündelten Kräften innerhalb einer Seelsorgeeinheit können daher kleinere Gemeinden profitieren.

Die Beibehaltung der Selbstständigkeit einer Gemeinde hat höchste Priorität. Das bedeutet für die Gemeinde, dass sich der Kirchengemeinderat als Leitungsgremium sowohl für die Verwaltung wie auch für die pastorale Arbeit deutlich profilieren kann. Um seine Aufgaben als Kirchengemeinderat im pastoralen Bereich erfüllen zu können, hat sich die Gründung eines Pastoralteams bestens bewährt.

Versuchungen

Neben den Chancen, die sicherlich mit der Gründung von Seelsorgeeinheiten verbunden sind, gibt es auch eine Reihe von Versuchungen, denen man aus verständlichen Gründen sehr leicht erliegen kann.

Die erste Versuchung liegt in einer Zentralisierung der Gemeindearbeit: Die Auflösung von Pfarrbüros in kleineren Gemeinden, flächendeckend übergestülpte Pastoralkonzepte, Beschränkung der Gottesdienste auf Orte mit Mittelpunktsfunktion und die weit gehende Verlagerung von Entscheidungen auf die Gremien der Seelsorgeeinheit. So sehr dieses Ansinnen auf eine zentralisierte Wahrnehmung der Aufgaben verständlich ist, so groß sind die damit verbundenen Gefahren für die jeweiligen Gemeinden. Dieser Lösungsansatz erscheint auf den ersten Blick für die Verantwortlichen »lebbarer«, er dient aber nicht der Vitalität der jeweiligen Gemeinden. Die Gründung von Seelsorgeeinheiten hat nicht die Eingemeindung oder gar die Auflösung einzelner Gemeinden zur Folge, sondern das Ziel ist eine wechselseitige Unterstützung gleichberechtigter Partner, und zwar unabhängig von ihrer jeweiligen Größe.

Eine weitere Versuchung besteht darin, dass in den einzelnen Gemeinden Diakone, Pastoralreferenten und Gemeindereferenten zu den alleinigen Kristallisationsfiguren für all jene Aufgaben werden, die nicht an das Priesteramt gebunden sind. Dieser Ansatz wird zwar dem Subsidiaritätsprinzip der einzelnen Gemeinden im Verhältnis zur Seelsorgeeinheit gerecht, aber ein Perspektivenwechsel hin zu mehr Mitverantwortung innerhalb der Gemeindepastoral findet so nicht statt. Das heißt nicht, dass die hauptberuflichen Dienste keine territorialen Schwerpunkte haben sollten und sie nicht die Funktion als Ansprechpartner für einzelne Gemeinden übernehmen könnten. Entscheidend dabei ist, wie sie diese Aufgaben wahrnehmen, um einer neuerlichen »Klerikalisierung« vorzubeugen. Diakone, Pastoralreferenten und Gemeindereferenten sind in das Leitungsgefüge einer Seelsorgeeinheit eingebunden, sie sollen begleiten, unterstützen, befähigen und inspirieren statt möglichst viele Versorgungsaufgaben an sich zu ziehen.

In einer solchen Situation ist die Gefahr groß, den Ehrenamtlichen noch mehr Aufgaben aufzubürden und sie somit zur Überbrückung finanzieller Nöte und personeller Engpässe heranzuziehen. Gemeindemitglieder sind nicht dazu da, sie zur Aufrechterhaltung einer bisherigen pastoralen Praxis zu rekrutieren, denn ehrenamtliches Engagement ist keine »Einbahnstraße selbstlosen Gebens«, sondern es muss helfen, dass Mündigkeit, Kompetenz und Selbstwertgefühl wachsen können.

Planungsphasen

In Kenntnis der Herausforderungen und der damit verbundenen Chancen für die Entwicklung von Gemeinden und auch im Hinblick auf die Versuchungen, die mit der Gründung von Seelsorgeeinheiten einhergehen, muss die Einführung von Seelsorgeeinheiten als eine Aufgabe verstanden werden, die eine gute Vorbereitung braucht und die dementsprechend begleitet wird.

Schiffbruch erleiden die neuen Seelsorgeeinheiten, wenn verwaltungstechnisches Denken den Prozess steuert und nicht pastorale Leitlinien als Orientierung zu Grunde liegen. Ebenso kann der Prozess nur gelingen, wenn er Schritt für Schritt mit den betroffenen Gemeinden gegangen wird und nicht vorschnell fertige Lösungen vorgegeben werden. Folgende Etappen können einen gemeinsamen Weg leiten:

1. In der ersten Phase sollte es darum gehen, im Dialog zwischen Diözesanleitung, den Verantwortlichen des Dekanats und den Gemeinden innerhalb eines Dekanats zu klä-

ren, welche Gemeinden sinnvollerweise miteinander kooperieren. Kriterien für eine Kooperation sind beispielsweise die gewachsenen Lebensräume, die Kommunalstrukturen, schulische Einzugsgebiete sowie die geografische Lage. Verordnete die Diözesanleitung die Kooperationsverbünde, würde dies zwar den Prozess verkürzen, die Gemeinden aber nicht als Entscheidungsträger ernst nehmen. Soll daher eine von möglichst vielen getragene Kooperationseinheit als Grundlage für die weitere Entwicklung dienen, muss es in weiten Teilen ein basisbezogener Entscheidungsprozess sein.

2. Haben sich die Gemeinden gefunden, die in Zukunft miteinander eine Einheit bilden werden, sollten in der nächsten Phase die Möglichkeiten einer sinnvollen Kooperation bedacht werden. Um Kooperationsgespräche führen zu können, ist zuvor allerdings eine eigene Standortbestimmung notwendig. Sie hat zum Ziel, die eigenen Stärken und Defizite in den Blick zu nehmen, künftige Schwerpunkte zu überdenken und für die aktuellen Herausforderungen in der Gemeinde sensibel zu werden. Erst wenn dies geschehen ist, können sinnvolle Gespräche mit den Gemeinden geführt werden, mit denen man in Zukunft eine Einheit bilden möchte.

   Bei diesen Gesprächen geht es um die Fragen, wo man in Zukunft eher eigenständig weiterarbeiten möchte oder an welcher Stelle sich eine fruchtbare Zusammenarbeit anbietet. Auf diese Weise können die Gemeinden sich gegenseitig unterstützen und so der Gefahr vorbeugen sich als Konkurrenten zu sehen, die sich um die Gunst des Pfarrers mühen. Ein gemeinsamer Ausschuss, der paritätisch mit Delegierten aller Gemeinden besetzt ist, übernimmt die Planung, Vernetzung und die Steuerung der vereinbarten Zusammenarbeit.

3. In diesem Zusammenhang muss geklärt werden, wie die Verteilung der hauptberuflichen Dienste auf die Seelsorge-

einheiten aussehen soll. Obwohl diese Frage viele schon zu einem früheren Zeitpunkt beantwortet haben wollen, gibt es dennoch gewichtige Gründe, nicht zuerst über die personelle Ausstattung zu sprechen – was ja auch noch nicht differenziert möglich ist, solange die Einheit noch nicht feststeht –, sondern zuerst oder zeitgleich über den Auftrag der Gemeinde nachzudenken. Die Frage sollte also nicht lauten: Wie viel Personal bekommen wir, um eine möglichst umfassende Versorgung zu gewährleisten, sondern eher: Wie können wir situationsgerecht Gemeinde leben und welche fachgerechte Unterstützung brauchen wir dafür? Es geht hier also darum, von der Gemeinde her zu denken, nicht von dem zur Verfügung stehenden Personal. Natürlich kann man diese Fragen nicht trennen, aber es hat doch eine Bedeutung, welche der Fragen zuerst oder ausschließlich gestellt wird.

4. In einer weiteren Phase sollte es um die aktive Mitgestaltung der Seelsorgeeinheit gehen. Nach den ersten Kooperationsgesprächen und mit der Kenntnis des Stellenplans für die Gemeinde können nun Kooperationsvereinbarungen geschlossen werden. Damit verbunden ist die Form der Zusammenarbeit zwischen den haupt- und den ehrenamtlichen Mitarbeiterinnen und Mitarbeitern. Eindeutige Prioritäten in der Seelsorge können in dieser Phase sehr hilfreich sein.

Die Bildung der Seelsorgeeinheiten bürdet den Gemeinden viel Arbeit auf. Wie viele Detailfragen noch geklärt werden müssen, bis eine Seelsorgeeinheit im Interesse aller Beteiligten gut zusammenarbeiten kann, ist zunächst noch gar nicht abzusehen. Hier wird ein hohes Engagement von den Gemeinden verlangt. Dennoch sollte man bei aller Mühe und zeitlicher Beanspruchung nicht die damit verbundenen pastoralen Fragen außen vor lassen, weil gerade sie die Richtung der Entwicklung angeben.

ZUTRAUEN

TEILHABEN
Mit neuen Gedanken
alt werden

Jung bleiben
an uralten Gedanken

teilhaben
am unsterblichen Leben
unsterblichen Sterben

Rose Ausländer[23]

Gott handelt auch heute an seinem Volk und schafft Neues. So werden die alten Geschichten der Bibel neu lebendig. Der Geist Gottes selbst hat im Laufe der Geschichte immer wieder in der Kirche neue Aufbrüche bewirkt, oft überraschend und gegen alle Erwartungen. Gott – so lautet seine Verheißung – wird den Weg mit seinem Volk weitergehen.

Dazu hat Gott immer wieder Menschen in seinen Dienst gestellt. Die Lebens- und Glaubensgeschichten vieler Frauen und Männer in der biblischen und nachbiblischen Zeit erzählen lebendig davon. Gott hat durch Menschen gewirkt, indem er sich in deren Leben eingemischt hat und dies – zumindest zeitweise – nicht immer zur Freude dieser Menschen. Denn nicht immer deckten sich deren Pläne mit den Plänen Gottes.

Ebenso wie Gott nur an und mit konkreten Menschen wirken kann, sammeln sich Menschen in seiner Nachfolge auch nur an bestimmten Orten und zu bestimmten Zeiten. Gemeinden sind solche Sammlungsorte. Dort versammeln sich Menschen, die gerufen vom Wort Gottes ihren Glauben und ihre Hoffnung leben möchten, für sich und für andere. Und es finden sich jene Menschen, die von dem Leben in diesen Gemeinschaften angezogen werden.

Wer sich also um die Entwicklung von Gemeinden kümmert, darf in der Zuversicht handeln, dass etwas von dem Traum Gottes mit den Menschen ansichtig und erfahrbar wird. Wer aufbricht, hat in der biblischen Tradition viele Vorbilder. Gemeinsam ist ihnen, dass sie den Verheißungen Gottes trauten und Unvorhersehbares annahmen in der sicheren Zuversicht, gehalten und geführt zu sein.

Anmerkungen

1 Südwest-Presse, Lokalteil Bietigheim, 5. August 2000, 52.

2 Vgl. Hennecke, C., Welche Priester für welche Kirche? Theologische Reflexionen zu einem existentiellen Thema, in: Priester mit Profil, hrsg. v. Peter Klasvogt und Reinhard Lettmann, Paderborn 2000, 37f.

3 Rahner, K., Strukturwandel in der Kirche als Aufgabe und Chance, Freiburg 1989, 115.

4 Vgl. Zulehner, P. M., Ein Obdach der Seele: geistliche Übungen – nicht nur für fromme Zeitgenossen, Düsseldorf 1997, 108.

5 Vgl. Zulehner, P. M., Wider die Resignation in der Kirche. Aufruf zur kritischen Loyalität, Wien 1989, 85f.

6 Diese vier Leitlinien orientieren sich an den Pastoralen Perspektiven der Diözese Rottenburg-Stuttgart, die im Jahr 1992 in Kraft gesetzt wurden. Die Pastoralen Perspektiven setzen sich mit den wesentlichen Fragen des Gemeindeaufbaus, der Gemeindeentwicklung und der Gemeindeleitung auseinander. Sie sind darum ein Versuch, differenzierte Perspektiven zur Gemeindepastoral zu entwickeln.

7 Vgl. Fischer, M., Zukunftsoffene Gemeindeentwicklung, Das Rottenburger Modell auf dem pastoraltheologischen Prüfstand, Mainz 1999. Diese Untersuchung hat sich mit der Frage beschäftigt, was sich durch die Durchführung der Gemeindeerneuerung nach dem Rottenburger Modell bei den Teilnehmern persönlich und in der Gemeinde insgesamt verändert.

8 Stier, F., Vielleicht ist irgendwo Tag. Die Aufzeichnungen und Erfahrungen eines großen Denkers, Freiburg (Herder) ^{9}1997, 27f.

9 Kopp, G., Dokumentation. Wege gemeindlicher Erneuerung, hrsg. v. Seelsorgereferat und Institut für Fort- und Weiterbildung der Diözese Rottenburg-Stuttgart, Rottenburg 1993, 52.

10 Vgl. Zulehner, P. M., Gottesdienst als Menschendienst. Von der diakonalen Kraft der Liturgie, in: Diakonia 30 (1999), 93–99.

11 Vgl. Kerkhofs, J., Der Priestermangel in Europa, in: Jan Kerkhofs/Paul M. Zulehner, Europa ohne Priester, Düsseldorf 1995, 11–61.

12 Nach Marins, J., Chanona, C., Trevisan, T., Die Kirche von der Basis, hrsg. v. Gerhard Mayer, Balingen 1998.

13 Kopp, G., Dokumentation. Wege gemeindlicher Erneuerung, 49f.

14 Vgl. Fischer, Zukunftsoffene Gemeindeentwicklung, 77.

15 Pfarreibesuche in der Diözese Rottenburg-Stuttgart. Unterlagen und

Arbeitshilfen, hrsg. v. Seelsorgereferat der Diözese Rottenburg-Stuttgart, 15.

16 Aus: Marti, K., O Gott! Lachen, Weinen, Lieben, © 1995 by Radius-Verlag, Olgastr. 114, 70180 Stuttgart 1985.

17 Vgl.: Gemeindeleitung in gemeinsamer Verantwortung, Arbeitshilfe zur praktischen Umsetzung, hrsg. v. Institut für Fort- und Weiterbildung der Diözese Rottenburg-Stuttgart, Rottenburg, 1998, 64.

18 Gemeindeleitung im Umbruch. Entwicklung einer differenzierten und kooperativen Leitung, in: Konzepte Nr. 1, hg. v. Seelsorgereferat der Diözese Rottenburg-Stuttgart, Rottenburg 1997, 20ff.

19 Als Grundlage dieser Ausführungen diente eine Vorlage von Bruno Ernsperger. Vgl. darüber hinaus: Ders., Aufbruch braucht Gestaltung. Impulse für die Gemeindeentwicklung, Innsbruck 1999.

20 GeMEINdeLEBEN. Pastoralseminar. MentorInnen-Begleitmappe, Salzburg 1994.

Vertiefende Literatur zum Pastoralseminar: Weber, F., Marketz, J., Schneider, S., Das Leben entfalten. Ein pastoraler Grundkurs in der Gemeinde, Innsbruck 1999.

Schneider, S., Für eine Pastoral der Aufmerksamkeit. Der Beitrag des Pastoralseminars für eine subjektfördernde Seelsorge, Würzburg 2000.

21 Ein solches Treffen im deutschsprachigen Raum ist ausführlich dokumentiert in: Basisgemeindliche Kirche. Dokumentation, hrsg. v. M. Fischer u.a., Tübingen 1996.

22 Die Ausführungen basieren auf Max Himmel, Seelsorgeeinheiten als Herausforderung zur Gemeindeentwicklung, in: Herausforderung Gemeindeentwicklung. Erfahrungen, Aspekte, Perspektiven, hrsg. von M. Fischer und M. Himmel, Tübingen 2000, 33–48.

23 Rose Ausländer, »Teilhaben«. Aus: Dies., Ich höre das Herz des Oleanders. Gedichte 1977–1979, © 1984 S. Fischer Verlag GmbH, Frankfurt am Main.